JCA 研究ブックレット No.29

地域福祉における地域運営組織との連携

山浦 陽一◇著
筒井 一伸◇監修

はじめに

このブックレットは、関係機関と地域運営組織（region management organization、以下ではＲＭＯ）がどのように地域課題を解決していけばよいのか、その連携のあり方を検討することを課題とします。ＲＭＯの設立はゴールでなくスタートです。組織数の増加も大事ですが、設立後にＲＭＯの持つポテンシャルをどう引き出し、地域の課題を解決していくかも関係機関に問われます。取り上げるのは地域福祉、その中でも高齢者向けの生活支援です。行政や市町村の社会福祉協議会（以下では社協）がＲＭＯを受け皿とした取り組みを進めようとしていますが、思うように広がっていません。行政や社協はどのようにＲＭＯに働きかけ、支援していけば良いのかを考えます。

この間、ＲＭＯは順調に増えてきました。２０２０年の総務省調査では、全国で８０２市区町村に５７８３組織あるとされています。小学校区単位で組織されているＲＭＯが多いですが、単純に計算すると、２万弱ある小学校数に対して３割近くになっています。例えば大分県には２０２０年現在１０３組織あり、ＲＭＯのある市町村は18市町村中16市町で88・９％、高知県の94・１％に次いで全国2位となっています。

政府の第2期「まち・ひと・しごと創生総合戦略（以下では総合戦略）」では、ＫＰＩ（重要業績指標、Key Performance Indicator）のひとつとして２０２４年に組織数７０００という目標を掲げており、政府も設立を推進しています。組織数の増加だけでなく、各組織では地域福祉、防災、教育、環境、産業等、様々な活動が行われ、地域での存在感が増しています。

面的な広がり、一定の活動の成果を踏まえ、ＲＭＯを担い手とした施策も本格化しつつあります。前書では、ＲＭＯの設立や組織運営のノウハウを検討しましたが(注1)、ＲＭＯを核とした各種の地域課題解決のあり方、手法も検討すべき時期にきています。以上の認識の下で、本書は新しい事業を立ち上げる際のＲＭＯと関係機関それぞれの役割、連携のあり方を検討することをテーマとします。想定する主な読者は事務局や役員などのＲＭＯ側、関係機関側双方ですが、どちらかといえばＲＭＯと連携した課題解決に取り組む関係機関の職員をより意識しています。「地域運営組織との連携」という本書のタイトルも、このことを重視して付けたものです。また事例分析に当たっては、ＲＭＯについてこれまであまり接点のない関係機関の読者も想定し、まずＲＭＯの組織や活動、それらを規定する地域の構造について紹介します。

ＲＭＯと関係機関の連携について、具体的には地域福祉、その中でも家事や移動といった生活支援のための有償ボランティアを取り上げます。団塊の世代が後期高齢者となる２０２５年を前に、行政や社協が強力に進めようとしている分野です。他方で、後述のようにＲＭＯとしての取り組みは1割未満で、期待されるほどには広がっていない分野でもあります。現状としてＲＭＯでは活動が難しい分野であり、ＲＭＯと関係機関との連携が求められる分野といえます。

（注1）拙著『地域運営組織の課題と模索（ＪＣ総研ブックレット20）』（２０１７年、筑波書房）を参照して下さい。

事例は大分県九重町（ここのえまち）東飯田（ひがしはんだ）地区で生活支援の有償ボランティアを行う「くらしのサポートセンター東（以下ではくらサポ東、もしくはくらサポ）」と、その母体となったＲＭＯである「東飯田地区まちづくり協議会（以下東飯田まち協、もしくはまち協）」、そして一緒に取り組む九重町社会福祉協議会（以下町社協）を取り上げます。くらサポは２０１９年度に立ち上がった組織で、１年目から大きな成果を出していますが、２０２０年度は新型コロナウイルスの影響を受けており、その確定的な評価はまだできません。また町社協による支援も、確たる理念のもとに進められていますが、現場レベルでは試行錯誤が続いています。完璧な優良事例というよりも、その試行錯誤の過程にヒントを得つつ、地域課題解決のためのＲＭＯと関係機関の連携のあるべき姿を考察する、というのが本書のコンセプトです。

本書の構成は以下のとおりです。まず1章では、各分野でのＲＭＯへの期待と、当該分野でのＲＭＯの活動の実態について整理します。次に2章では、九重町の地域概況と町内のＲＭＯの概要、役場の支援制度を紹介します。3章では、東飯田まち協の活動と組織運営、これまでの経緯と背景を検討します。4章では、くらサポ東の活動、組織、設立の経緯についてみたうえで、まち協による新規事業立ち上げに当たってのポイントを整理します。5章では、くらサポの設立、運営を支援している町社協の動きについて主に取り上げ、6章で改めて事例を整理しながら、事業の立ち上げ、持続のためのＲＭＯと関係機関の役割と連携のあり方について検討します。

1　ＲＭＯの活動への期待と実態

（1）ＲＭＯへの期待の高まり

国レベルでは総務省を中心に、ＲＭＯの設立や自立運営に重点を置いた政策が展開してきました。例えば、第1期の総合戦略では、組織数がＫＰＩとされ、第2期でも組織数と、自立運営に向けて経済事業を営む組織数がＫＰＩとされています。その実現のため、ＲＭＯの設立にかかる経費は特別交付税で、設立後の経常的な経費は普通交付税で措置されています。

他方で、ＲＭＯを前提とした個別の活動、事業推進の動きも各省庁で活発になってきています。例えば交通や買い物等のハード面、インフラ面での取り組みとして、「小さな拠点」の整備が国交省を中心に進められてきましたが、近年ＲＭＯとの一体的な推進に力を入れ始めています。そのことは第2期の総合戦略にも示されています。第1期の総合戦略では拠点数のみがＫＰＩとされていましたが、第2期では２０２４年までに「「小さな拠点」の形成数に対する地域運営組織が形成されている比率90％」を目指すとされ、小さな拠点とＲＭＯの連携を目標に追加しています。

また最新の動きとして、農村政策においてもＲＭＯへの注目が高まっています。まず２０２０年3月に策定された第5次食料・農業・農村基本計画の「農村を支える新たな動きや活力の創出」の中で、ＲＭＯの設立推進と共に、ＲＭＯによる農地の利用、管理への期待とそのための支援について言及されています。その基本計画を受けて、農水省は「新しい農村政策の在り方に関する検討会」を設置し、2020年5月から2021年5月までに10回の会議を開いています。その中で、「農村地域づくり事業体（農村ＲＭＯ）」の設立支援が提起されました。農村ＲＭＯは、「（複数の）集落の機能を補完して、農地・水路等の地域資源の保全・活用や農業振興と併せて、買い物・子育て支援等の地域コミュニティの維持に資する取組を行う事業体」とされています。具体的な支援策についてはまだ明らかにされていませんが、農政サイドからも農地の利用、管理を含めて、各種の活動、事業の受け皿としてＲＭＯへの期待が高まっており、今後積極的な支援策が打ち出されると考えられます。

そして本書が取り上げるのは、高齢者を対象とした地域福祉分野です。政府は2005年から「地域包括ケア」をコンセプトに、介護、医療、住居、介護予防、生活支援の5つの分野の支援体制を総合的に整備してきました。特に2015年度に介護保険制度の大幅な見直しが行われ、その中では生活支援や介護予防は地域が担うこととされ、後述の生活支援コーディネーター（以下ではＳＣ）の配置も進められています。そしてＲＭＯは、その生活支援や介護予防活動の担い手として期待されています。さらに2016年からは、「ニッポン一億総活躍社会」の提起を受けて、「地域共生社会」をコンセプトに従来の縦割りの福祉政策の限界を克服し、より総合的な地域づくりを目指すこととなっています。その中でも主要なアクターのひとつとしてＲＭＯが登場します。

以上の生活インフラ整備、農業、地域福祉の他にも、生涯学習や学校運営協議会（コミュニティスクール）、地域学校協働活動といった教育分野、移住者や関係人口の増加をめぐる政策の中でも、活動の主体、事業の対象としてＲＭＯが注目されています(注2)。

（２）ＲＭＯの活動の実態

ではこれらの活動、事業は実際どの程度のＲＭＯで実施されているのでしょうか。２０２０年度の総務省のＲＭＯ調査の中の「実施している活動」から確認しましょう（図１）。活動の上位５つを見ると、地域イベント、広報紙発行、防災訓練、高齢者交流、声かけ・見守りの順番となっています。基礎的活動を除くと、主に高齢者向けの地域福祉活動が上位を占めます。高齢化率の高まりの中で、各地域で対応が進んでいる分野であることがわかります。

他方で同じ地域福祉にかかわる活動でも、弁当・給配食は７・５％、家事支援７・４％、買い物支援６・６％など、１割未満の活動もあります。表出していませんが、５年前の２０１７年度の調査では、弁当・給配食は９％、家事支援は11％、買い物支援は９％でした。この間、ＲＭＯの組織数は１７２３から５７８３に大幅

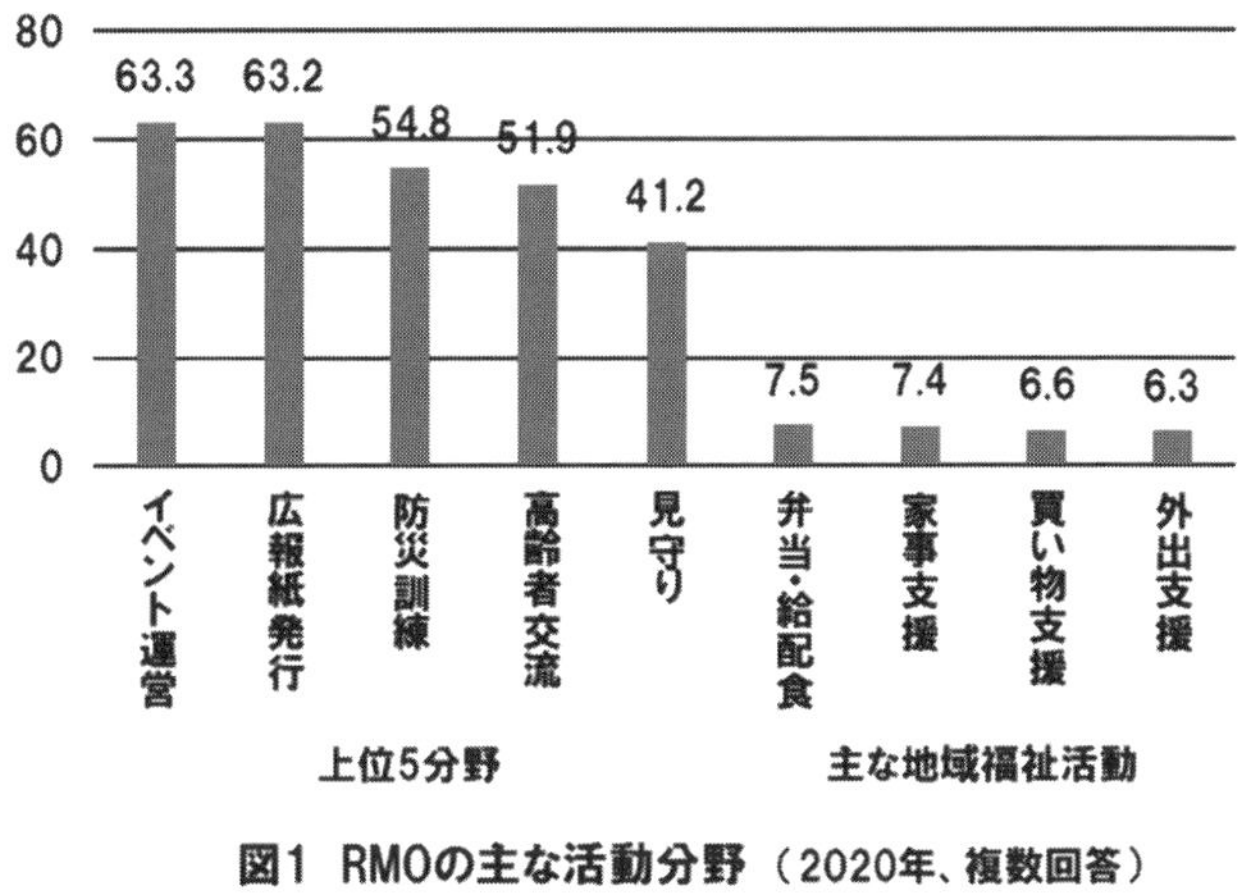

図1　RMOの主な活動分野（2020年、複数回答）

資料：総務省『令和2年度地域運営組織の形成及び持続的な運営に関する調査研究事業報告書』より作成。

（注２）例えば文科省が設置した「コミュニティ・スクールの在り方等に関する検討会議」の第１回会議（２０２１年４月23日）に、総務省のＲＭＯ担当者がオブザーバーとして参加し、ＲＭＯについての資料も配布されています。

に増えており、それらの活動に取り組んでいる組織の絶対数は増えていますが、割合としては減少しており、これらの取り組みが順調に広がっているとはいえません（注3）。

ではなぜこれらの活動に取り組むRMOが少ないのでしょうか。交流や見守りに比べて、より多くのスタッフや本格的な施設が必要となったり、事故のリスクがあったりと難易度が高いことが要因だと考えられます。その中でも最も課題となるのは活動の担い手の確保です。総務省の調査ではRMOが抱えている課題についても聞いています。毎年圧倒的に多いのが活動の担い手不足です（**表1**）。例年8割前後のRMOが課題として挙げており、2位とは20ポイント以上の差があります。リーダーや事務局も課題ですが、現場で活動する主体の確保に苦労して

（注3）さらにそもそもこの設問には農業や学校教育、移住者の受け入れにかかわる選択肢はなく、それらの分野についての取り組みも十分進んでいないと考えられます。例えばRMOによる移住者や地域おこし協力隊の受け入れの難しさについては拙稿「地域運営組織と地域おこし協力隊の関係と課題」（『農村計画学会誌』36巻4号、504～507頁、2018年3月）を参照して下さい。

表1　RMOの課題と行政への期待

	課題として認識しているRMO割合	行政からの支援を期待しているRMO割合	専門家からの支援を期待しているRMO割合
担い手の不足	83.6%	24.0%	22.9%
リーダー人材の不足	55.5%	13.5%	14.4%
次期リーダー不足	55.2%	13.8%	12.4%
事務局人材の不足	52.2%	21.3%	11.7%
当事者意識の不足	49.3%	16.6%	13.5%

資料：図1と同じ。
注：「継続的に活動していく上で課題と考えていること（複数回答）」の回答割合の高い5つを表示。

いるＲＭＯが多いことがわかります（注4）。しかもその課題について行政や専門家に相談したい、という割合も低くなっています。人材の確保が深刻である点は共通しますが、行政はあまり頼りにならず、解決策は見当たらないと認識されているというのが実態といえます。

他方で、多くの地域では地域福祉の活動を促す次の４つの条件が揃っています（**図２**）。まず民生委員、福祉委員、地域によっては地区社協など、活動の中心となる組織や役職が以前からあります。２つ目は地域包括支援センターに、それらのプログラム開発を担うＳＣが配置され、その活動を支援する協議体も設置されています（注5）。３つ目はＲＭＯへの活動支援とは別に、活動費補助や備品整備などの各種支援メニューも充実してきています。そして最後に、地域づくりを総合的に

（注４）表出していませんが、これらの人材不足は農村か都市かを問いません。２０１７年度の総務省の調査では「活動の担い手」不足は過疎地が82％、非過疎地が81％、「リーダー」の不足が59％、58％、「事務局運営」の人材不足が55％、53％などとなっており、ほぼ差がありません。このことから、問題は人口減少や高齢化による絶対的な人数の不足というよりも、人材の掘り起しの仕組みにあると考えられます。

（注５）役場の関係課や町社協に加え、自治会、ＲＭＯ、老人クラブ、民生委員などの地域の代表者、それに警察や消防なども加わり、地域での取り組みを支援するために設置されます。

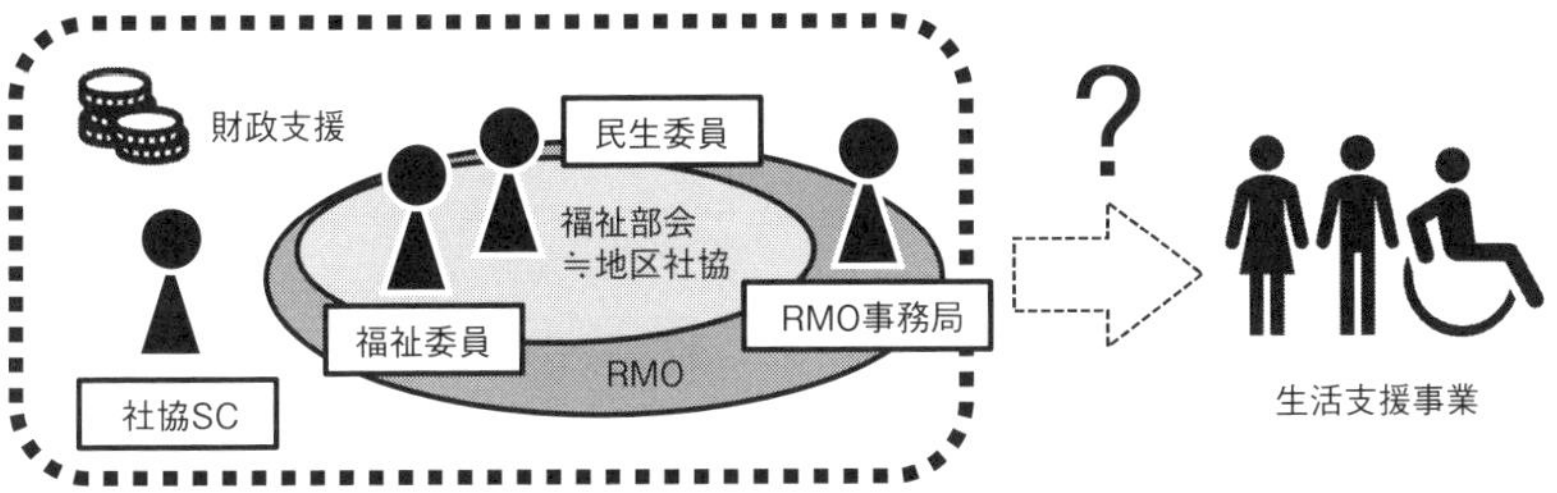

図２　地域福祉の主な資源と生活支援の関係

担うことが期待されているＲＭＯがあります。これらの条件が活かせれば、もっと多くのＲＭＯでより高度な地域福祉が取り組まれるはずです。ではなぜ各種の活動は十分広がらないのか、広げるにはどうすれば良いのか、次章以降、九重町の東飯田地区でのＲＭＯと関係機関の連携による生活支援事業を例に検討していきます。

2　九重町のＲＭＯの制度と背景

(1) 九重町の概況

九重町は大分県西部に位置し、北部、西部は玖珠町と接し、東部は由布市、南部は竹田市、熊本県小国町、南小国町と接しています（図３）。基本的に全域が山がちですが、町中央部は標高が低く玖珠川とその支流沿いに水田が連なり、大分自動車道、国道２１０号線、ＪＲ久大本線が東西に横断します。南部は九重連山の麓で標高が高く、畜産や畑作、果樹、また温泉やスキー場もあり観光が盛んで、国内最大の地熱発電所もあります。大分市から町中心部までは高速道路を利用し約50分、福岡市から約1時間半の位置にあります。

２０２１年4月末現在の人口は９０２５人で、世帯数は３８９３戸となっています。58市町村から18市町村と、平成の市町村合併が最も進んだ県のひとつである大分県にあって、結果として九重町は合併しませんでした。なお全国的に合併が集中した２００５年の九重町の人口は1万１５６６人であり、現在までに約

図３　九重町東飯田地区の位置

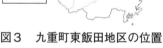

2500人、22・0％減少し、高齢化率も、34・1％から44・7％に上昇しています。小学校は6校、中学校が1校、条例公民館は中央公民館以外に4つあり、公民館の単位は昭和の合併前の行政の単位でもあります。かつて中学校も4つの旧町村ごとにありましたが、2013年に1つに統合されました。RMOは公民館がある4地区ごとに設立されています。それぞれの人口は、本書で取り上げる東飯田地区が2412人、野上地区2136人、飯田地区1708人、南山田地区2770人（2021年3月末時点）で、どの地区も2千人前後となっています。

2021年3月の県の調査によると、九重町には自治区が140あり、1自治区当たりの人口は64人、高齢化率が50％を超える自治区は42で30％を占めます。県平均では1自治区当たりの人口は267人で、九重町は18市町村中下から3番目、高齢化率が50％を超える集落割合は県全体で38・3％となっており、九重町は5番目の低さです。集落の規模は小さいものの、高齢化率は相対的に低いのが九重町の特徴といえます。なおデータが残る2008年3月と比べると、当時の九重町の集落当たりの人口は平均80人、高齢化率が50％を超える集落は8つであり、どちらも大幅に数値が悪化しています。

地域と町社協との関係では、いわゆる地区社協はなく、区長が福祉委員を兼ねているのが特徴です。その他地域の特徴としては、九重町を含む県西部では頼母子講（たのもしこう）が盛んで、集落単位、クラス会、職業別など様々なグループがあります。なお近年金銭の融通の意味合いは弱くなり、親睦を目的としているものが多いそうです。後述のようにくらサポ東では、この頼母子講も活動会員勧誘の場として活用しています。

（2）九重町のまち協の概要と役場からの支援

次に九重町でのRMOに対する役場の支援について確認しましょう。前書では、大分県宇佐市を事例に行政のRMOに対する総合的な支援を「5点セット」と表現しました。具体的には、財源、人材、拠点、正当性、設立・運営ノウハウの5つです。九重町でもこの5点セットの支援を行っています。

まず財源については、1組織当たり、年間約400万円の交付金が支払われています。いわゆる一括交付金で、まち協の活動費に加え、事務局の人件費、地域内の体育協会や青少年健全育成協議会など各種団体への補助金などを含み、その配分は地域の裁量で決めることができます。町役場では、観光施設や発電の収益で基金を造成し、それを基に財政支援を行っています。

人材については、各RMOに役場職員と地域おこし協力隊が配置されています。職員については、厳密にはRMOに対する支援ではありませんが、RMOが拠点とする交流センターと同居する公民館に、社会教育課の職員が主事として1人ずつ常駐し、RMOと連携して業務を行っています(注6)。後述のように東飯田地区では、まち協関係の会議や活動への参加、まち協と公民館合同での広報紙の発行、くらサポの受付、マッチングソフトの開

（注6）まち協が設立される以前、それまでの地区公民館の常勤職員を引き上げ、機能を中央公民館に集約、地区公民館は貸館のみとしていた時期が10年超ありました。まち協の設立に合わせ、非常勤の館長がまち協の事務局長を務めるようになります。その後まち協の活動が本格化する中で、役場は再度役場職員を地区館に常駐させ、館長はまち協の事務局の業務に専念することとしました。なお役場から遠い飯田地区では、公民館職員とは別に、役場の窓口業務を担う会計年度任用職員が1名配置されています。

発などで力を発揮しています。

さらに公民館職員とは別に、地区在住の幹部職員（課長級）が役場との意思疎通や各種の活動の支援に当たります。ちなみに東飯田地区では、２０２０年度４人の課長が担当職員として配置されています。協力隊については、これも厳密に各ＲＭＯに１人という配置ではありませんが、ＲＭＯの活動と隊員の関心が合致すれば、公民館に常駐し連携しながら活動します。２０２０年度は東飯田地区を含め３つのＲＭＯに協力隊が配置されていました。

活動拠点については、各ＲＭＯはそれぞれ公民館に事務所を置いています。ＲＭＯ設立は４地区とも２００９年ですが、その直後の２０１０年から２０１９年にかけて全地区で拠点の整備が行われました。合わせて２０１０年からは、公民館の建物はＲＭＯの活動拠点「ふれあい交流センター」としても位置付けられました。そのため、厳密にいえばＲＭＯの拠点は公民館ではなく、交流センターとなっています。交流センターの所管は公民館と同じ社会教育課ですが、設置条例では福祉、教養、健康、生活文化の向上に加え、地域振興も目的として謳っています。東飯田では**写真１**のように施設の入り口に公民館と交流センター、両方の看板が掲げられていますが、多くの住民には引

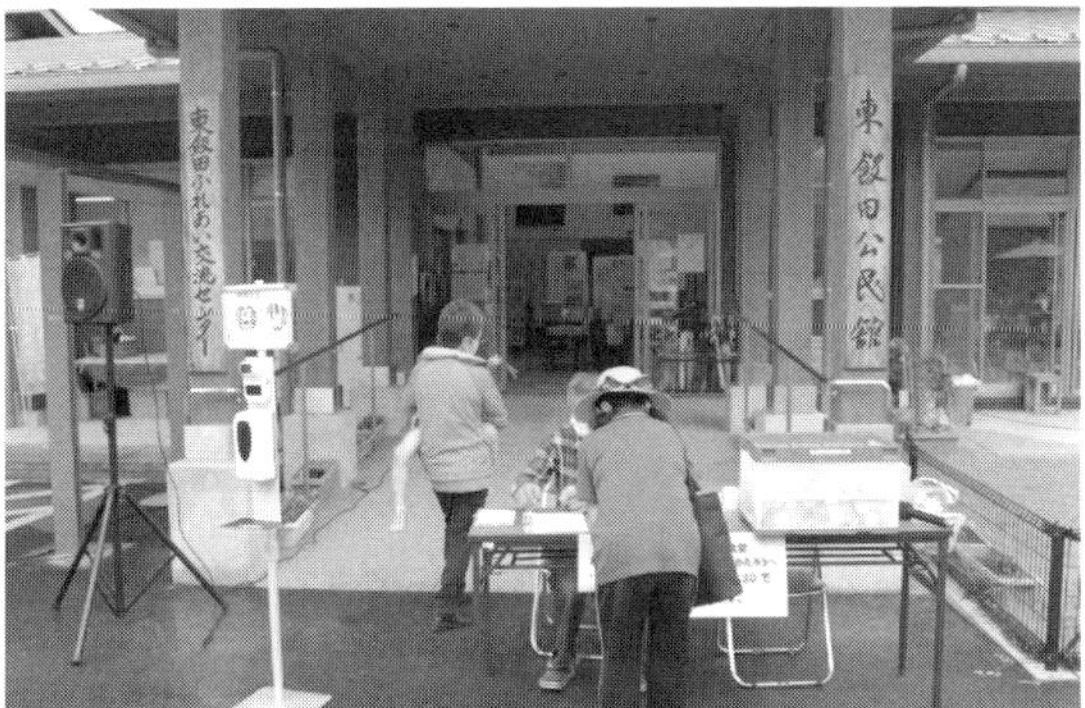

写真１　公民館と交流センターの看板が並ぶ玄関
（筆者撮影）

き続き公民館として認識されています。

正当性については、まちづくり基本条例で「各地区を代表し、町長が認めた団体」と位置づけられています。ＲＭＯの役割だけでなく町長の認定を受けることも条例で規定され、地域運営を担う正式な組織とされています。また総合計画の中でも、「……九重町まちづくり基本条例に基づき、住民の自主的運営による地区協議会の活動を支援します。」とあり、また「地区公民館については、各地域のまちづくりとも密接に関係していることから、各地区協議会と連携して、まちづくりの交流拠点としての機能の充実を図ります。」とされ、ＲＭＯとの連携のための公民館の機能強化を明記しています。

最後のノウハウについても、特に設立時には役場から全面的なサポートがありました。ＲＭＯの設立自体が役場からの提案で、２００９年に4地区一斉に立ち上がりました。組織図や役員構成についても役場からたたき台が示され、役員候補者への声かけも役場の担当課の職員が個別に行ったそうです。他の多くの市町村同様、九重町でも市町村合併の議論の過程で役場内でのＲＭＯの研究が始まり、結果的に合併はしなかったものの、住民主体の地域づくりの必要性の認識からまち協の設立に至りました。

なお設立は役場主導で行い、組織図や規約のたたき台も示しましたが、長期計画の策定や部会の設置等は強制せず、地域の判断に委ねています。のちに見るように、例えば長期計画を策定しているのは東飯田地区のみで、逆に東飯田地区では住民アンケートはしておらず、部会制も採用されていないなど、各地区では地域の実情に応じて多様な組織体制、運営形態を採っています。

3　東飯田まち協の組織運営と活動

（1）東飯田地区の概況

東飯田地区は九重町北西部に位置し、西側と北側で玖珠町と接しています。地区の南西部には大分と福岡を結ぶ国道２１０号とＪＲ久大線が通り、ＪＲ恵良駅（無人）があります。地区内には県内有数の酒造メーカーや２５０人規模のゴム製品製造工場などがあり、駅前には商店街もありますが、駅の乗降客数は多くなく、商店街の店舗数も減少傾向にあります。

人口は２０２１年５月末現在２４１７人で、近年は毎年約50人ずつ減少しています。先にふれたように、東飯田地区は昭和の合併前の行政単位で、公民館区、小学校区（児童数約１２０人）と重なります。昭和の合併後は地区内に町役場がおかれ、九重町全体の中心地でしたが、役場は１９９５年に地区外へ移転しています。先に見たように以前は地区に中学校もありましたが、２０１３年に統合され、２０１９年その跡地に現在の公民館が新築されました。

東飯田には34の行政区がありますが、**図４**のように６つの「ブロック」、

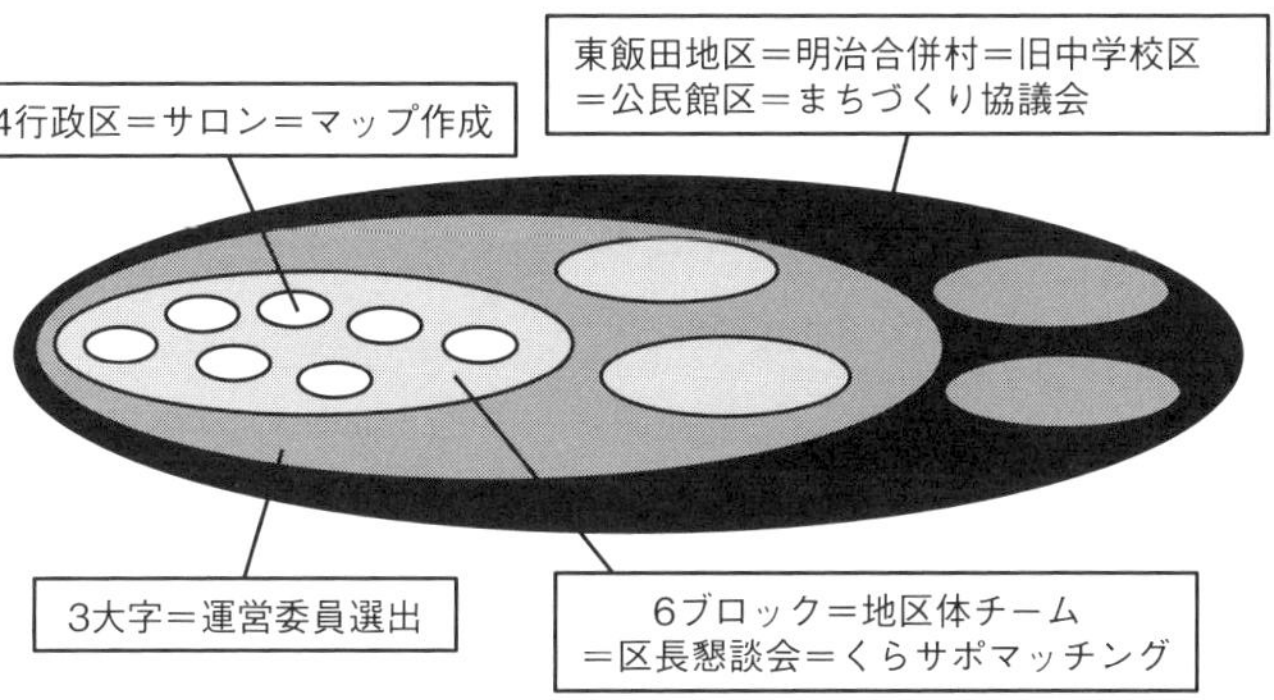

図４　東飯田地区の地域構造

3大字のまとまりがあります。現在大字には実質的な機能はほとんどありませんが、東飯田では区長会の地区理事の選出母体となっており、すぐ後に見るようにまち協でもその3人に運営委員、および副会長を委嘱しています。6つのブロックは、大字を2つずつに分けたもので、地区の運動会のチームの単位として機能しており、のちに見る区長懇談会や、くらサポのマッチングもこのブロック単位で行われています。

（2）東飯田まち協の組織と役員

東飯田まち協は、2009年10月に設立されました。東飯田まち協の組織の特徴としては、計画書を策定している点、住民だけでなく地区内で活動する団体も会員としている点（注7）、そして部会制を敷いていない点などが指摘できます（注8）。

まち協の役員の構成は**図5**のようになっています。正

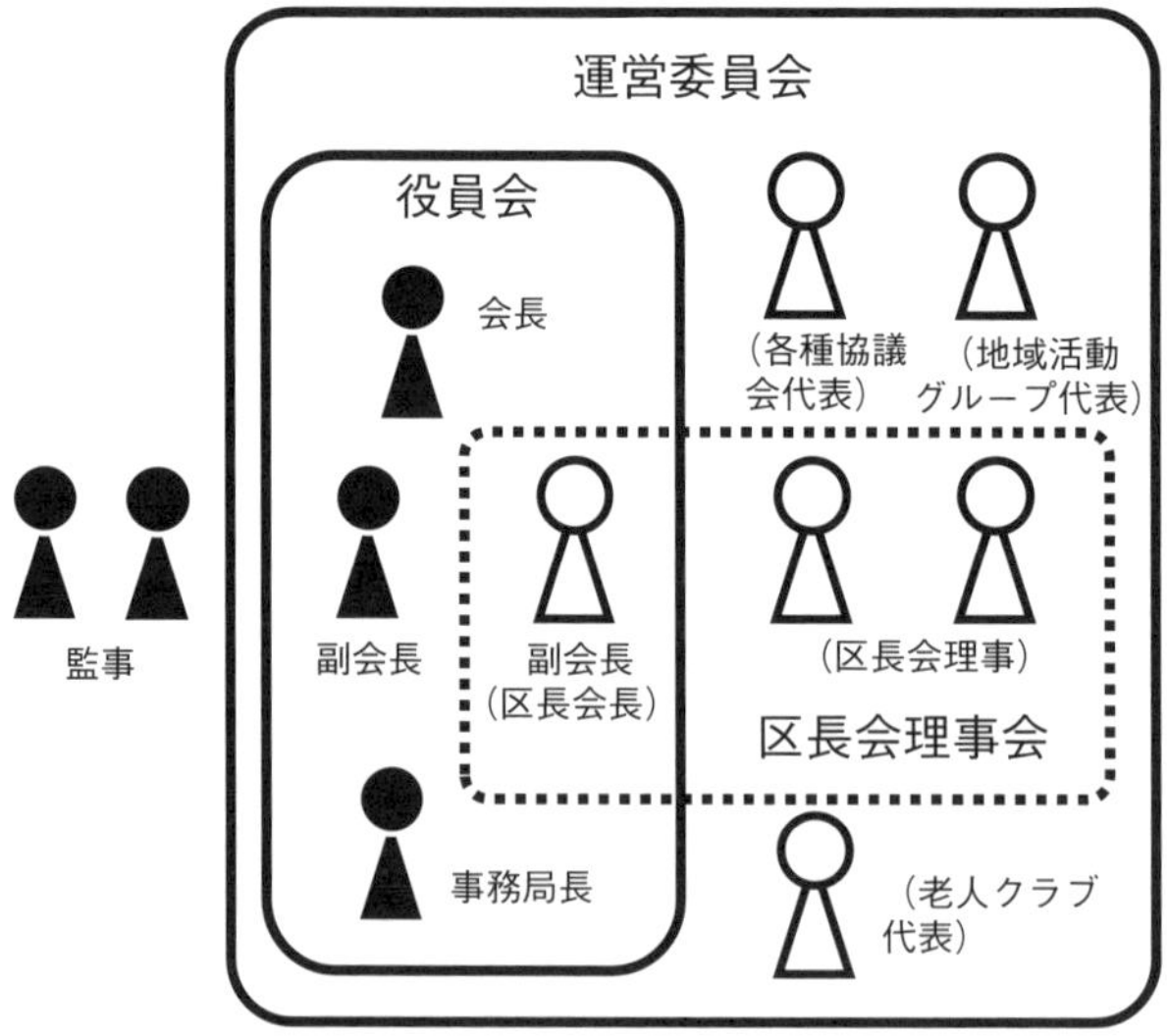

図5　東飯田まち協の組織体制

注1　当て職の役職は白、一本釣りは黒のアイコンで表現している。
　2　区長会理事会は直接のまち協の組織ではないため点線で表現した。

副会長（副会長は2人）、事務局長で役員会を構成し、それに大字単位の区長代表2人（注9）と各種協議会代表者1人、地域活動グループ代表者1人、老人クラブ代表者1人が加わり、運営委員会を構成しています。運営委員会は基本的に年に1回総会前に事業や会計のチェックを行う組織であり、企画立案、意思決定、事業運営や調整の役割を担う役員会がまち協の核といえます。役員は総会で選出されますが、実態としては、まず副会長の1人は区長会長の当て職で、基本的に任期は2年です。残りの正副会長、事務局長はいわゆる一本釣りで、会長と事

（注7）まず組織・団体を会員とする点については、まち協に参画届を提出した団体を会員としています。2021年度の総会資料によると、各行政区に加え、各種協議会が16、スポーツ団体など地域活動グループが11、それに老人クラブ4団体などが名簿に名を連ねています。まち協からの各種の支援も、基本的にはこの会員団体を対象に行われます。計画書については、町内4つのRMOの中で唯一活動計画を策定しています。計画は設立の翌年2010年に策定しましたが、大掛かりな住民アンケートやワークショップ等は行わず、会長を中心に役員で作業を進めました。なお住民のニーズの把握は、のちに述べる区長懇談会や、事務局支援、各種イベント、また日常的な事務所訪問者とのコミュニケーションが中心となっています。事務所には、毎日お茶のみの住民が平均5人程度、資料のコピーやPC利用が2人程度、各種の手続きや相談、打ち合わせで2人程度の来訪者があります。

（注8）東飯田まち協の活動の多くは、会長と事務局長が中心となって企画し、役員会での修正、了承を基に実施されます。裏を返せば、まち協としての固有の組織は役員会と運営委員会だけで、直接活動を担う組織や仕組みは持っていません。後で見るくらサポだけでなく、防災士会、地域食堂を運営するかたろうへもまち協とは別の組織であり、一会員としてまち協に参加し、役員等についてもまち協からの当て職ではありません。東飯田まち協は、企画、調整を担ういわゆる「協議機能」を中心とした「分離型」のRMOといえます。

（注9）大字は3つですが、うち1つの代表が東飯田全体の区長会長を務め、当て職でまち協の副会長を担います。したがって当該区長は役員会と運営委員会両方に参加し、残りの2人は運営委員会のみに参加することになります。

務局長はまち協設立に向けた準備会から、副会長も9年と長期間務めています。
会長は70代前半の男性、元役場職員で、退職直後に役場のRMO担当者から直接会長職就任を頼まれたそうです。ちなみに現役時代は合併協議会の事務局長を務めており、RMOの研究を進めていました。事務局長は60代前半の女性で、夫婦で自営業を営み、主に経理を担当していました。併せてPTA活動から青少年健全育成協議会（育成協）の活動に積極的にかかわるようになります。その後読書が好きだったこともあり町立図書館の委員、公民館運営審議会の委員などを歴任し、地元の公民館長の公募に応募します。そして採用後に館長がまち協の事務局も務めることを知ります。後述の各種活動や組織立ち上げも、会長と事務局長が中心となって企画し、役員会で実施の可否が判断され、内容が具体化されるケースが多いそうです。最近では、災害で不通となったJRの運転再開のイベント企画や、使われなくなったこいのぼりの活用なども事務局長が発案しました。

（3）まち協の活動とその特徴

東飯田まち協は部会を持たないため、秋に行う「つ～だら・だった祭り（注10）」以外に、まち協が前面に立って行う大きな行事や活動はありません（注11）。ではどのような活動を行っているのか、主なものは以下の5つです。

（注10）「つ～だら・だった」とは地域の言葉で「走ったら疲れた」の意味です。運動会、作品展示に加えステージ、各種ブースの出店も含めた総合的なイベントとして開催されています。２０１９年は参加者が合計で約７００人と、東飯田地区最大のイベントとなっています。

まずは毎年1回、6月ごろに区長懇談会を開催します。**図4**にあった6ブロックごとに区長を集め、まち協役員、公民館主事、協力隊、くらサポ、防災士会の代表等が参加し、必要に応じて役場や社協職員も同席します。まち協の活動を説明し協力を依頼するとともに、区長が抱える課題を把握し、まち協加盟団体や関係機関への情報提供を行い、特に役場に対する意見、要望はまち協と町長との懇談会で直接伝えています。後日区長から出された意見に対するまち協の対応や、関係機関からの返答をまとめた回答書を作成し、区長へ配布します（注12）。

まち協としてはまち協本体に加え、後述のくらサポやマップ作り等の関連する活動のPRや協力依頼ができ、また事業の改善のヒントを得ることができる場となっています。短期間で交代する区長が増える中で、何か問題や悩みがあっても、区長会では意見が言いにくい、直接役場に言うのも勇気がいる、という区長が増えており、区長にとってもメリットがあります。さらに、役場等の関係機関としても、まち協が間に入ることで課題が整理された上で相談を受けるため、コミュニケーションが円滑になるメリットがあります。懇談会は設立3年目の2011年度から始まりましたが、きっかけは2年目の計画策定でした。完成した計画書を各行政区に説明して回ったものが懇談会へ発展しました。

（注11）まち協主催の他の事業としては、老人クラブやPTA、自治会等5団体が取り組む花いっぱい運動、行政区ごとのみんなの旗運動などを行っています。

（注12）2019年度は、みんなの旗運動の旗の更新や花いっぱい運動の申請方法、くらサポの広報用の資料提供、体育祭の選手確保などまち協に関連する質問に加えて、防火水槽、防災無線、街灯、自治会未加入者への対応、防犯カメラの設置など役場への要望事項も多く出されました。

次に紹介するのは各種団体の事務局機能の支援です。組織によって細かい点は違いますが、資料の作成支援や印刷、案内送付、広報紙作成、会議参加等をまち協事務局長が担います。支援対象は、育成協、体協、人啓協など、地区の各種協議会に加え、かつては老人クラブや配食ボランティア組織の事務局の支援も行っていました(注13)。既存組織に加え、東飯田では後述の防災士会、くらサポ、かたろうへの事務についても支援を行っています。なお他地区では通帳の管理などの会計業務もまち協が担いますが、東飯田では自立性、主体性を重視し、金銭の管理は行っていません。

3つ目の役割は各種活動への財政支援です。防災士会のオリジナルTシャツ作成（**写真2**）や視察、伝統芸能の備品、くらサポの幟旗の作成などの費用をまち協が支援しています(注14)。

写真2　まち協からの支援で作成した防災士会のTシャツ（筆者撮影）

（注13）その後まち協に事務を委託していた老人クラブは解散し、他方配食ボランティア組織は、メンバーが若返り、自分たちで事務局をできるようになりました。
（注14）どれも総会で了承されたものであるのはもちろん、先の計画書に謳われた活動の一環で、また実践するのもまち協の加盟団体であり、手順を踏んだ支援といえます。

４つ目は広報紙の発行です。公民館と合同で毎月発行され、役場のホームページでも公開されています。内容はまち協、公民館の行事の予告、報告に加え、加盟団体の活動紹介も行います。

５つ目は、東飯田まち協で最も特徴的な、組織の設立支援です。これまで２０１６年に防災士会、２０１９年にくらサポ、２０２１年には地域食堂かたろうへがまち協の支援により設立されました。くらサポについては後に詳しく見るので、ここでは防災士会とかたろうへについて紹介します。まず防災士会は、２０１６年に設立され、２０２１年6月現在36人の会員がおり、年齢や仕事の都合で参加できない場合を除き、地区内のほとんどの防災士が加入しています。年会費は1千円で、先にふれたように事務作業やTシャツの作成などまち協からも支援があります。主な活動としては、区長懇談会や後述のマップ作りへの参加(注15)、小中学校での防災教育、視察研修会、関係機関への要望提出(注16)などがあります。役場は防災士の資格取得支援やスキルアップ研修はしていますが、組織化や活動活性化は関与していません。地区内の防災士のそうした声を踏まえて、まち協から提案し設立に至りました。まち協とは別に正副会長、事務局長を配置していますが、財源や事務局運営では支援を

(注15) 区長懇談会やマップ作りについては、まち協役員は全地区参加し、一般の防災士は自身が住むブロックの会議に参加します。

(注16) 関係機関への要望については、２０２０年度、まち協と防災士会の連盟で一時避難所設置とそこでの防災士の位置づけの明確化についての要望を役場に対して行いました。２０２０年夏の水害時に、道路の寸断等で避難所となっていた公民館まで避難できないケースがあり、他方一時避難所への役場職員の配置は難しく、また区長だけでの避難所の開設、運営も難しいため、防災士にその役割を持たせてほしい、という内容です。

受けており、メンバーはまち協の一員という自覚があるそうです。

かたろうへは、町社協が進める多世代型、交流型の地域食堂として２０２１年4月にスタートしました。運営メンバーは10人で、役員として正副会長、事務局を置いています。東飯田では２０１７年3月から地域食堂を運営する前身組織がありましたが、さらなる活性化を目指し、まち協や町社協のサポートの下で再編されることになりました。メンバー10人中半数は前身組織からで、残りはまち協や町社協の勧誘で今回新たに加わった方です。設立準備会の世話人はまち協会長が務めましたが、発足メンバーには加わらず、まち協から独立した組織として運営されています。

２０２１年4月に1回目の食堂が開催され、子どもからお年寄りまで56人の参加がありました。参加費は２００円（高校生以下は無料）で、土曜日の10時から交流会があり、11時半から食事会となります（**写真3**）。食材の多くは、前日まで公民館にコンテナを設置し、そこに住民が無償で提供します。調理も10人前後のボランティアスタッフが担い、受付は子どもが担当、掃除、片付けも全員でやるなど、全員参加型のプログラムとなるように工夫されいます。5月は新型コロナで中止されましたが、6月は後述のくらサポのカフェや軽トラ市と合同で開催され、55人分の

写真３　かたろうへの交流会を盛り上げる第１層SC（筆者撮影）

食事券はすべて売り切れました。

以上のまち協の活動について、２０１９年度決算資料を基に財政面から確認しましょう。まず収入については、ほぼ役場からの交付金と繰越金のみで合計４８２万円でした（注17）。支出については、事務局長の人件費が２００万円、体協や育成協等関係団体への補助金が80万円で、まち協としての事業費は約90万円となっています。その内訳は、「つ～だら・だった祭り」が約50万円、防災士会とくらサポ支援に約15万円ずつ、その他子育てサロン、小学校ＰＴＡなどに財政支援を行っています。なお公民館の光熱費は、まち協への交付金と別に役場が負担しています。

4　くらサポの活動とまち協からの支援

(1) くらサポの組織の概要と活動の成果

「くらしのサポートセンター東」は、２０１９年４月に設立された東飯田地区の生活支援のための有償ボランティア組織です。会員制を採っており、活動会員、利用会員、賛助会員の区分があります。２０２０年11月現在の会員区分ごとの人数は活動会員が49人、利用会員が80人、うち利用・活動両方に登録がある会員が13人、賛助会員が２０４口となっています。２０１９年４月の発足時は活動会員が38人、利用会員は34人、賛助会員は27口

（注17）２０１９年度はセンターの落成式の予算として例年に比べ32万円上乗せされています。

で、約1年半で特に利用会員、賛助会員が大幅に増えています。活動会員は60代、70代が多く、50代は数えるほどで、40代以下は1人となっています。性別は男性が約6割、女性が4割です。利用会員は80代以上の高齢者がほとんどですが、通園支援を利用する子育て世代もいます。

どの会員区分も年会費は500円で、利用会員の支払う作業料金は室内が150円／15分、屋外の場合は500円／30分となっています。作業料金は全額活動会員へ支払われ、草刈りや移送などは別途燃料代などの弁償があり、またくらサポとして各種の保険にも加入しています。

利用、活動の流れは**図6**の通りです。利用会員は前日までに主に電話で公民館に利用希望を伝え、役員、まち協事務局、SC等でマッチングを行い、利用会員、活動会員双方に連絡を取ります。ちなみにマッチングは公民館主事が作成した表計算ソフトを使って行われます。利用会員、活動会員の住所と作業内容、スケジュールを考慮し設定されますが、継続した利用の場

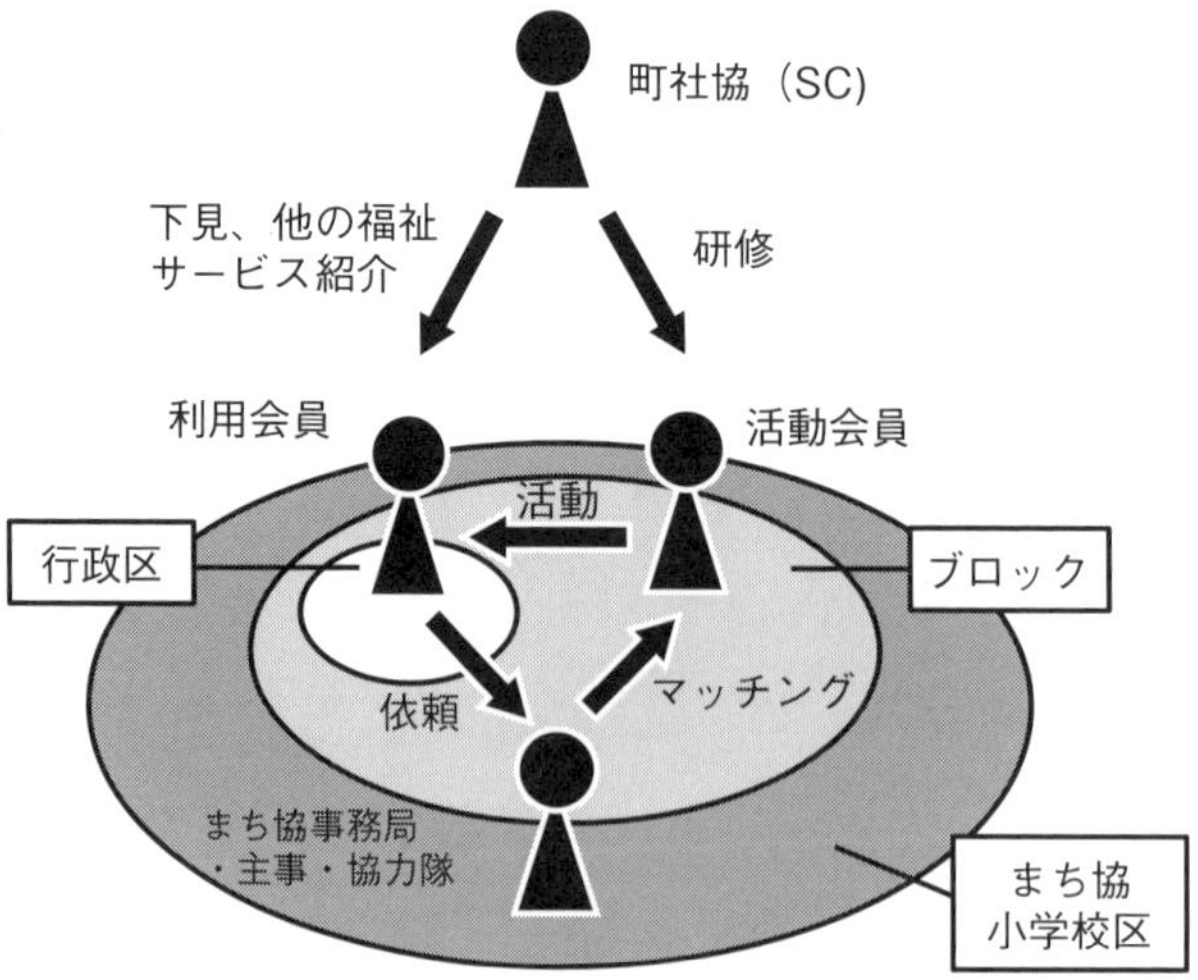

図6　くらサポの仕組み

合は可能な限り違うメンバーを斡旋します。住所については、極力近くに住む会員を紹介し、約９割はブロック内でマッチングがなされます。なお初めての利用の場合は、まず町社協のＳＣと協力隊が現地確認を行い、作業の内容や必要な人員について検討します。

実績としては、発足１年目の２０１９年度は、１５２件の活動があり、延べ２００人が参加しました。草刈りや樹木の伐採が63件で最も多く、外出支援44件、清掃が37件、簡単な家屋の修繕などが８件となっています（**写真４**）。２年目の２０２０年度は新型コロナウイルスの影響で活動できない時期もありましたが、それでも草刈り・伐採は59件、外出支援41件、清掃27件、修繕等３件、合計１３０件の作業をこなしています。しかも作業への参加人数は草刈りを中心に前年よりも増加し、延べ２１０人でした。２０２１年度は、コロナウイルスの影響が続いているものの、６月に入りワクチン接種会場への送迎の依頼が増えており[注18]、その他の

写真４　くらサポによる草刈り（くらサポ提供）

（注18）九重町では、ワクチンの集団接種の場合、集落ごとに日時が指定され、役場が送迎用のバスを手配します。しかし集合場所となる集落の集会所まで行けない、もしくはバスのステップを上がることが難しい高齢者もいます。くらサポでは後述のように玄関先まで車をつけることができ、介護施設職員など介助ができる会員もいるため、きめ細かいサポートができ、利用希望が多くなっています。

依頼も含め月当たり20件を超え、前年度を上回るペースとなっています。なお草刈りや樹木の伐採といった屋外の作業は主に男性が担い、屋内の清掃や外出支援、後述のカフェは女性が中心です。

くらサポでは生活支援に加え、出張カフェである寄り合いカフェと東飯田ま～じゃら市（軽トラ市）も行っています。寄り合いカフェは、活動会員有志が、駅前や個人宅、またイベントへ出店し飲み物を提供します。交流の場づくりを目的に、町社協からの支援を受け、利用者は50円で飲み放題となっています。くらサポ発足直後から始めたもので、２０１９年度は5か所で11回開催されました。２０２０年は駅前を中心に4か所10回の開催予定でしたが、大雨や台風、寒波で3回中止となりました。

東飯田ま～じゃら市（軽トラ市）は、２０１８年に実行委員会を組織し1回開催したものを、２０２０年からくらサポが引継ぎ実施しているものです。1店舗５００円で出店者を募集し、寄り合いカフェやカラオケ大会、コンサート等を組み合わせ、内容を充実させています。２０２１年6月には、寄り合いカフェ、ま～じゃら市とも新しく始まった地域食堂「かたろうへ」と同時に開催されました（**写真5**）。

写真5　かたろうへでの寄り合いカフェ（筆者撮影）

くらサポの組織運営については、**図7**にあるように正副会長、会計事務局が1人ずつ、さらに事務局員兼ケースマネージャーとしてSC、さらに支援組織代表としてまち協事務局長と公民館主事の合計7人が役員会を構成しています。そして役員7人と別の5人の活動会員を加え12人の運営委員会が置かれています。くらサポの運営委員の1人はまち協の運営委員も務めており、くらサポの監事もまち協の副会長が務めていますが、どちらもまち協からの当て職ではありません。

毎月5日の夜に定例会を開催し、役員、運営委員、活動会員20人前後の参加があります。その際共有される活動報告書には、利用会員の様子や次回の利用希望を確認する欄があり、それを基に課題の共有、くらサポの仕組みの見直しが行われます（注19）。また定例会は活動会員の研修、交流の場としても機能しています。発足当初からの活動会員

（注19）仕組みの見直しについては、例えば当初は利用会員が事前に事務局からチケットを購入し、それを作業後に活動時間に応じて活動会員に渡す仕組みでしたが、チケットをなくしてしまう利用会員が多く、活動会員が活動時間を事務局に報告し、後日ケースマネージャーが集金する仕組みに改めました。

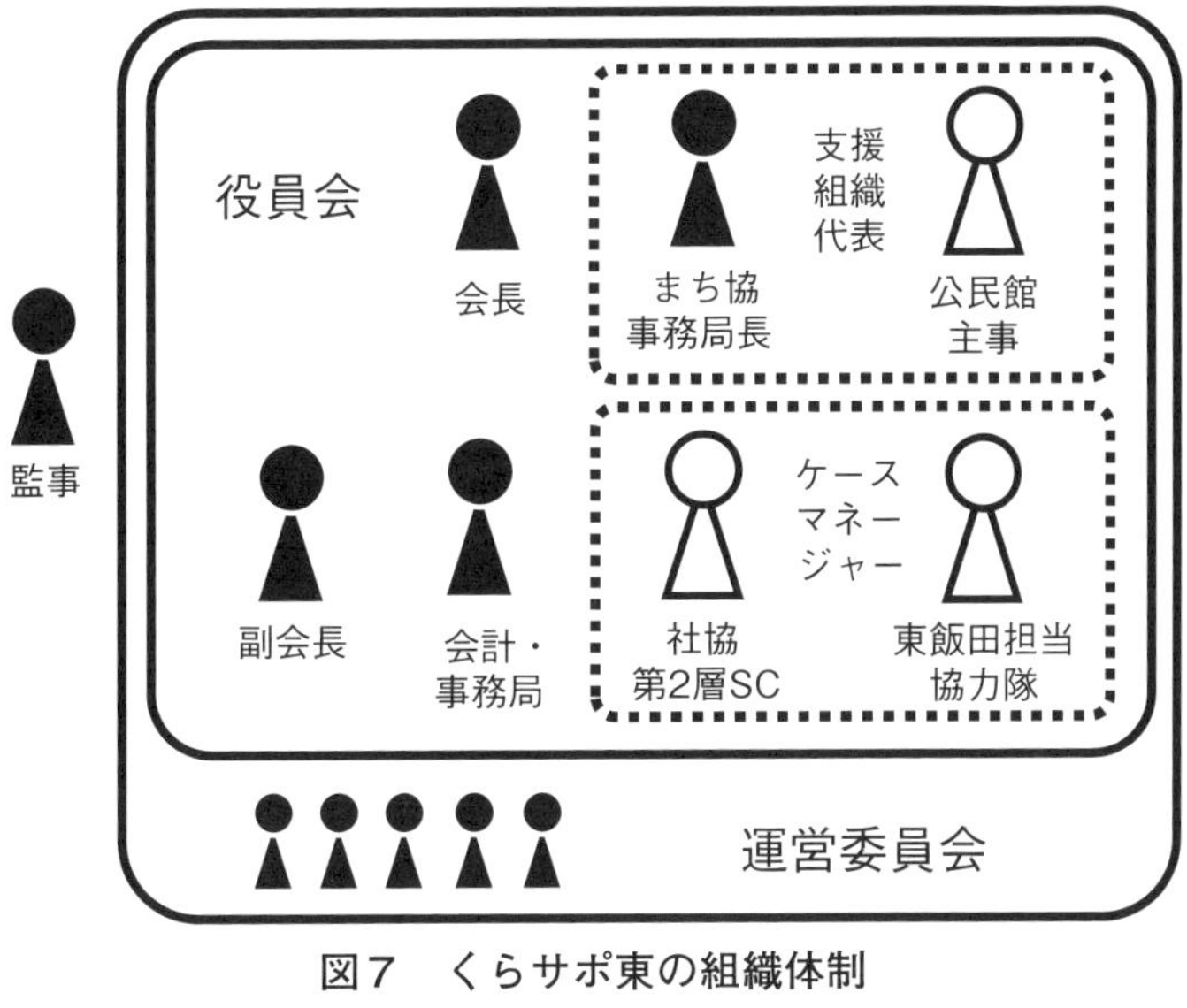

図7　くらサポ東の組織体制

注　東飯田の住民を黒、地区外の住民を白のアイコンで表現している。

は、後述のセミナーを受講していますが、その後加入した活動会員に対するスキルや理念、ルールの研修の場になっています。また定例会は、会議室ではなく和室で車座になって行うなど、発言、交流しやすい雰囲気づくりがなされています。なお定例会の前には、議題の整理のため役員会、運営委員会が開催されています。

２０１９年度のくらサポの収入は会費13万円、利用料が31万円、町社協からの補助金が25万円（設立時のみの補助金10万円を含む）など合計71万円で、それに県の備品購入補助金の50万円が加わります。県事業を除く支出は、活動会員への報償費が30万円、備品・消耗品が12万円、保険料が４万円、繰越金18万円などとなっています。２０２０年度は、会員増加による会費収入や利用料の増加がそれぞれ数万円ありましたが、収支に大きな変化はありません（注20）。

くらサポでは、次の３つの考え方を重視しています（**表２**）。まずあくまでも住民同士の支え合いの活動である、という点です。言い換えると、くらサポの活動は営利目的のサービスではなく、また行政の行う公的なサービスでもない、ということです。金銭のやり取りはありますが、ご近所の支え合いの延長として高

表2　くらサポの3つの特徴

特　徴	目　的	手　法
住民同士の支え合い	ご近所での支え合いの延長	過度な作業水準の追求抑制 過度な活動量増加の抑制
自助の補完	自身や家族によるケア後退回避	活動会員登録時の調査 他の生活支援事業の紹介
交流重視	人的ネットワーク強化 自然発生的な見守り活動	複数人での作業実施 毎回違う活動会員を派遣

（注20）２０１９年度に社協から出ていた運営補助金が見直され、社協からは寄り合いカフェの部分、残りは町役場から出ることとなりました。

度な作業の水準や完成度は求めず、また過度に個人ごとの活動が増えないようにしています。例えば、一番活動頻度が多い活動会員でも月5回程度、年間30~40回程度、収入は年間10万円程度となっています。

2点目は、困っている隣人をサポートするための仕組みであり、自身や家族での対応が難しい住民に対象を絞っている点です。利用会員としての加入希望があると、会長を中心にくらサポとしての支援の必要性について検討し、くらサポの事業利用が自身や家族によるケアの後退にならないように調整しています。なおこの後見るように、九重町では町社協や町が出資する「ここのえまち総合サービス」でも生活支援事業を展開しており、すみ分けがなされています。

3点目は、会員同士の交流を重視している点です。作業は1人で長時間やるよりも、極力複数のメンバーが短時間で終わらせるようにし、休憩時間や作業後の活動会員同士、また活動会員と利用会員の交流の時間を取るようにしています[注21]（**写真6**）。また前述のように、定期的に依頼がある利用会員には、なるべく違う活動会員を派遣するよう心掛けているのも、

写真6　作業の合間の会員同士の交流（くらサポ提供）

（注21）同時に複数での作業は、作業やコミュニケーションのＯＪＴに加え、特に室内作業での貴重品管理等のトラブル回避の意味もあります。

このためです。そしてくらサポの活動を通した出会いにより、くらサポの活動以外の場面でも、活動会員が利用会員を訪ね様子を確認するなど、住民同士の交流が増えているそうです。

（２）設立の経緯と今後の展望

東飯田のくらサポは、前述の計画書に「シルバー人材派遣事業」が明記されていたことに始まります。ただその時点では具体的な体制やスケジュールは検討されておらず、将来的に取り組むべき多くの課題の中のひとつでした。その後、毎年の懇談会での区長からの意見や、２０１５年の介護保険制度見直しによる要支援者向けサービスの切り離しなどで、まち協会長が危機感を持ち、計画の実現を意識するようになります。そこに２０１８年3月の町内全まち協の事務局会で、役場や町社協からまち協単位での生活支援事業立ち上げの提案がありました。東飯田まち協では、まち協会長の以前からの問題意識もあり、役員会の了承を取った上で、この事業に手を挙げることとしました。

まち協からは、町社協に対して視察先の紹介を依頼しましたが、町社協は視察先の紹介だけでなく、設立プロセス全体の提案、セミナー等個別のプログラムの設計や実施、さらには発足後のくらサポの制度設計も全面的に協力していきます。まず先進地視察は、２０１８年9月に県内の生活支援事業の先進地である竹田市を訪問しました。この時は、まち協役員に加え、区長、民生委員など関係者約20人が参加しました。現地での研修だけでなく、12月には事後研修も行い、中心メンバーの意欲を高め、イメージを共有していきました。

次に一般住民向けに「支え合いセミナー」を開催しました。２０１９年1月のまち協の役員会で実施を決め、2月の平日の夜、2時間弱の研修を3日間行いました。1日目は役場と町社協が国の制度や町の方針を説明し、町社協の事業で生活支援を行う活動員の声を紹介しました。2日目は県内の地域福祉の先進地の地域リーダーの講演を聞きました。3日目は9月の視察先でもあり、これから東飯田で取り組んでいく活動のモデルである竹田市から地域代表者、市社協職員を講師として招聘し、講演会が行われました。3日間、それぞれ50人近い住民が参加しましたが、現地研修に参加した20人からの口コミに加え、町社協やまち協から関心がありそうな住民、またまち協加盟団体に声をかけ、この人数となりました。ちなみに２０２０年現在の活動会員のうち、約8割はこのセミナーの参加者です。

組織設立を前に、3月前半には活動会員、利用会員を確保するためのマッチング体験である「支え合い座談会」が行われました。活動に興味がある住民、利用を考えている住民がそれぞれ参加し、ワークショップ形式でやってほしいこと、できることを出し合い、両者が合致することを確認しました。

その後約1カ月の間に準備会が2回開かれ、組織図や役員の顔ぶれ、活動の仕組みの詳細を詰めていきました。会長選考が難航し、白羽の矢が立ったのが町議の傍ら農業を営んでいる現会長（農協ＯＢ）でした。視察やセミナーには参加していませんでしたが、生活支援の必要性に共感し、準備会から加わっていました。当初会長就任は固辞していましたが、組織設立のスピード感や活動の自立性を重視して引き受けたそうです。そして4月後半には設立総会が開かれ、くらサポが発足しました。

先に見たように、設立後も活動会員、利用会員とも増加し、活動は広がりを見せています。活動会員については、口コミに加えて、後述のA氏のように、広報紙等を見て主体的に参加するケース、またまち協が協力し、頼母子講や地区内の若手グループでの勧誘から加入するケースがあります。他方利用会員は後述のサロンでの紹介、地域包括支援センターや、ケアマネージャーからの紹介で増えています(注22)。

(3) まち協とくらサポの関係

すでに述べた分も含め、まち協とくらサポの関係、特にまち協からくらサポへの支援の内容を振り返りながら、RMOによる活動の立ち上げ、運営支援のポイントを整理します(表3)。まずは区長懇談会や各種会議への参加、事務所の訪問者とのコミュニケーションの中で地域課題を把握し、取り組むべき課題を計画に盛り込む点です。東飯田まち協では、会長と事務局長が主にその役割を担っていました。

(注22) くらサポの課題としては、まずはこの増加する利用会員とのコミュニケーションが挙げられています。セミナーやマッチングを体験した会員は活動会員、利用会員問わず活動の趣旨を理解しています。新しく参加する活動会員も、定例会や複数の会員での活動を通して、理解を深めていきます。それに対し、新規の利用会員がくらサポの趣旨や仕組みを理解する機会は少なく、中には「タクシー代わり」に送迎を希望する会員もいます。会員同士が顔を合わせ、交流を深めながら地域での支え合いの意識を高める必要があると理解されています。それ以外にも、活動会員のいない集落での会員の掘り起し、活動にほとんど参加しない活動会員の活性化や、障がい者施設との連携、個人や世帯だけでなく、共同作業など集落支援も課題として挙がっています。

次に、東飯田ではまち協が役場や町社協からの要請を受けて一歩を踏み出します。逆に設立のプロセスは町社協の全面的な協力を得ていますが、このような役場や町社協といった関係機関とのコミュニケーションもポイントといえます。東飯田では、主に会長が役場や町社協とのネットワークを持っており、それがくらサポのスムーズな設立につながりました。

他方、視察やセミナー、マッチング体験の参加者確保、そして設立後の活動会員の勧誘など、地域内の住民、関係団体とのネットワーク、信頼関係も重要です。ネットワークについては、東飯田では役場ＯＢの会長と、ＰＴＡや育成協、公民館活動でのネットワークを持つ事務局長がバランスよく地域内をカバーしています。信頼関係、言い換えれば住民から見たまち協の正当性、代表性については、イベントの実施や丁寧な広報活動、まち協に加盟する組織への様々な支援を通じて獲得してきました。まち協から頼まれればまずは参加してみよう、という声が徐々に聞こえるようになっているそうです。

関連して、東飯田まち協では、つ~だら・だった祭り、花いっぱい運動やみんなの旗運動など、住民が気軽に参加でき、コミュニケーションが活

表3　東飯田まち協の4つの特徴

特　徴	目　的	手　法
地域課題の把握	住民の困りごと、活動ニーズの掘り起こし、計画への盛り込み	集落懇談会主催、役員・事務局各種会議参加、公民館訪問者対応
関係機関とのコミュニケーション	政策動向把握、支援要望	行政OBであるまち協会長のネットワーク活用
地域内の人的ネットワーク	各種事業の参加者確保	会長・事務局長ネットワーク活用、活動、行事、広報でのまち協の周知
各種組織・団体との絶妙な距離感	各事業の自立とまち協からの支援のバランス	別組織での設立奨励、必要に応じた事務・広報・作業支援

発化する活動に特に力を入れてきました。それが各種活動への参加意欲の向上、支え合いの意識の醸成に寄与していると考えられます。

最後は、役員や事務局が各活動メンバーとの距離感を場面に応じて上手く保ってサポートしている点です。東飯田ではまち協のサポートでくらサポの設立が進みましたが、くらサポの組織自体はまち協とは別のものとして、違う役員で運営されています。他方で、事務作業支援やマッチング、広報紙の作成、会議での助言や情報提供、さらにマッチングが上手くいかず作業の人員が確保できない場合などは、まち協の事務局長が積極的に支援します。参加者の主体性を重視し、企画立案や意思決定には極力加わりませんが、それ以外の作業は必要に応じてサポートしている、このバランス感覚が設立後のスムーズな自立、発展に繋がっています。

ＲＭＯが以上の４つの機能、性格を持っていると、地域福祉をはじめ多くの分野でより活発な活動が展開すると考えられます。他方で、まち協からの支援だけでくらサポが上手く軌道に乗ったわけではありません。設立に向けて視察やセミナーを企画、運営し、設立後も現地確認やマッチング等でサポートした町社協、さらにはまち協、町社協を制度面でバックアップする町役場の存在も忘れてはいけません。次章ではそれら関係機関の役割について検討します。

5　くらサポをめぐる関係機関の役割

（1）町社協SCによるくらサポ支援

介護保険制度は2015年に大きく見直され、地域での生活支援や介護予防の仕組みづくりを支援する生活支援コーディネーター（SC）を各市町村に置くこととなりました。市町村全域をエリアとする第1層、日常生活圏域（注23）を活動エリアとする第2層、個別の活動が行われる集落や施設等を第3層とし、それぞれにSCを配置することとなっていますが、第1層と第2層のSCに対する人件費は、介護保険制度の中で措置されます。一般にSCの配置は地域包括支援センターが行いますが、九重町では町社協がセンターの運営を受託しているため、社協職員がSCを担っています。九重町では、第2層を町全域で設定しており、SCは第1層、第2層にそれぞれ1人ずつ配置されています。ただ第2層SCは、実態としてはくらサポが立ち上がった東飯田地区を中心に活動しています。

すでに見たように、町社協によるくらサポ支援としては生活支援事業実施の提案、視察やセミナー、マッチング体験などの設立プロセスの設計と実施、活動開始後は寄り合いカフェへの財政的支援、まち協事務局長や公民館主事などと連携した受付やマッチング、協力隊との現地での作業内容の確認、利用料の徴収、各種会議への参

（注23）日常生活圏域は、医療、介護、生活支援等、地域包括ケアシステムを整備する単位で、「概ね中学校区」「30分以内」のエリアで設定することとなっており、九重町では町全域を1つの日常生活圏域としています。

加などを行っていますが、財政面を除いた支援はすべてＳＣが担っています。設立までは第1層のＳＣも関与していましたが、設立後はほぼ第2層ＳＣが1人で支援に当たっています。なお**図7**にもあったように、第2層ＳＣは東飯田のくらサポの組織図で「ケースマネージャー」として位置付けられています。基本的に週に2日、月曜と木曜に公民館に出勤してくらサポ関連の業務を行い、他の曜日は支援が必要な世帯への戸別訪問、地域食堂や各集落でのサロンへの参加、後述の町社協が町全域で運営する生活支援事業の運営業務を行っています。月、木以外の曜日のくらサポの動きについては、役員のＳＮＳを使って共有しています。仕事は東飯田のくらサポが3割程度、行政区のサロン対応や戸別訪問が4割、残りは社協内の業務というバランスとなっています。

(2) 町内の重層的な生活支援の体制

町社協では、くらサポ設立以前から町全体を対象とした生活支援プログラムである「軽度生活援助事業」と「ささえあいサービス事業」を実施しています。どちらも役場から事業を受託し行うもので、軽度生活援助事業は、主に高齢者世帯を対象とし、1時間1000円で各種サービスを提供します。もう一方のささえあいサービス事業は、対象は限定せず、所得に応じて利用料の減免があります。調理、洗濯、掃除等の家事援助は30分500円、移動支援、受診付き添いは30分700円などとなっています。社協では2016年から「支え合い人財養成講座」を実施し、その修了者を中心に「ここサポ人材バンク」に登録してもらい、そのバンクに登録しているメンバーがこれらの事業の担い手となっています。

２０１７年にはこの町社協による生活支援と別に、「このえまち総合サービス株式会社」が設立され、生活支援事業を開始しました。この会社は町が１００％出資し、現在副町長が代表取締役を兼務しており、町内の観光施設の管理、農作業受託、野菜の集荷などが主な事業で、これに生活支援も加わります。生活支援について、同社ＨＰによると「働く意欲を持つ方を援助員として登録し、健康で働くことを通じて、追加的収入を得るとともに、豊かな経験と知識を活かし地域に貢献する有償サービス事業。（いわゆるシルバー人材センター的な業務）」とされています。くらサポや社協と違い、利用資格の制限や減免制度はなく、町外からの利用もでき、また移動支援は行き先が郡外でも引き受けます。くらサポ、社協、総合サービスの違いは以下のように整理できます（**図８**）。まず事業のエリアについてはくらサポは小学校区、町社協は九重町内全域、総合サービスは制限がありません。対象者については、くらサ

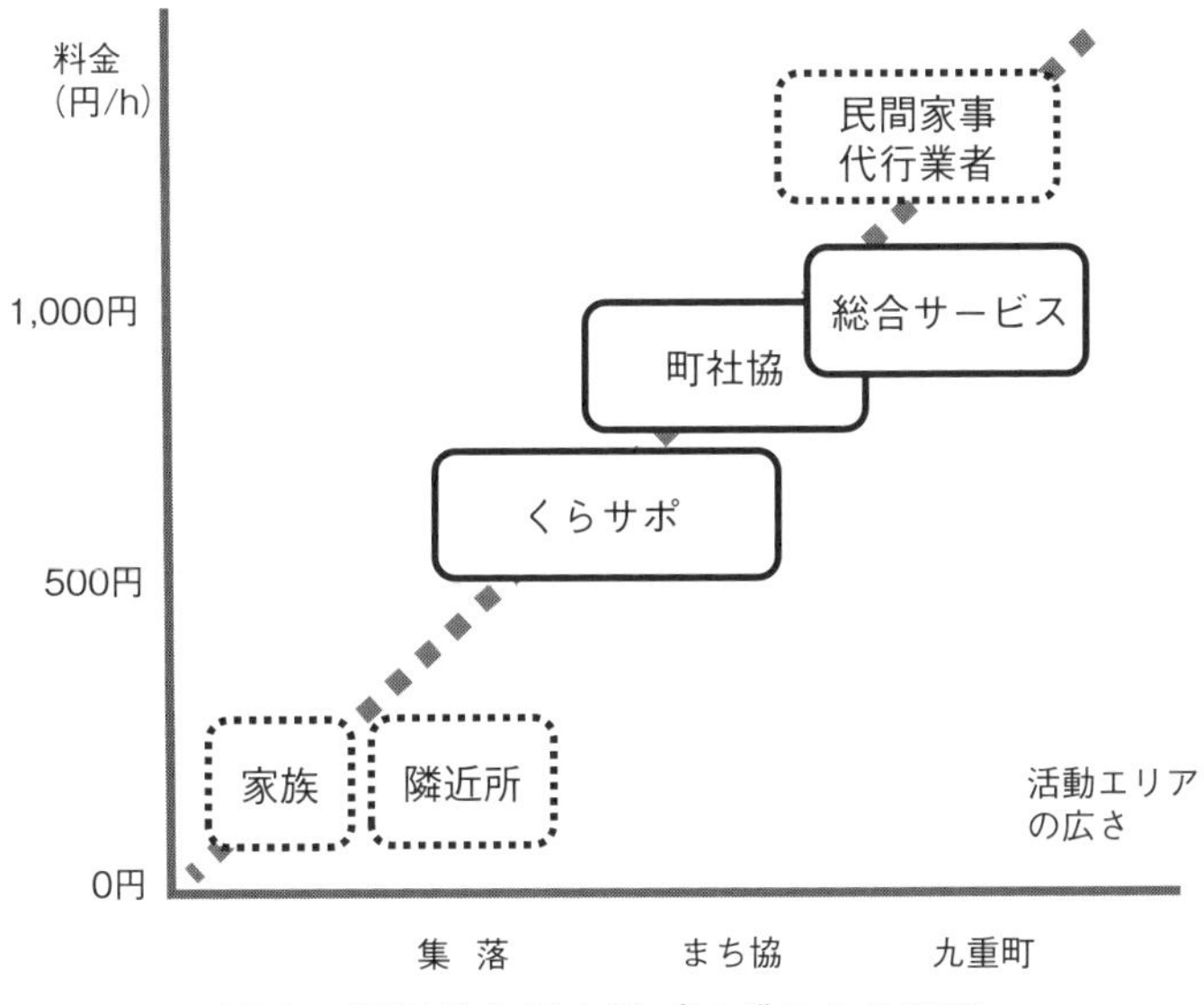

図８　重層的生活支援プログラムの配置

ポは会員制を敷き、高齢者や障がい者、子育て世帯などで支援が必要な住民に限っているのに対し、町社協は高齢者や非課税世帯向けに減免措置があるなど一定の条件を設け、総合サービスは制限がありません。関連して、サービスの内容は、くらサポは狭義の生活支援に絞るのに対し、総合サービスは農作業や家の敷地外の草刈り、郡外への移送など幅広いニーズに応え、町社協は両者の中間に位置します。事業の目的は、利用者の生活支援についてはニ者で共通しますが、くらサポは活動会員と利用会員、また活動会員同士の交流も目的に掲げているのに対し、総合サービスは活動員の収入や生きがいを重視しています。料金については、くらサポが室内600円、屋外1000円とやや安く、町社協と総合サービスは室内1000円、屋外はケースバイケースですがそれ以上の場合が多くなっています。

このように東飯田地区では性格の違う三者が併存していますが、以下のようにすみ分けがなされています。まずくらサポのエリア内で、利用会員に該当すると判断できる場合は町社協や総合サービスに依頼があっても、それぞれくらサポへの加入を提案します。逆にくらサポへの加入希望があっても、本人や家族での対応が可能と判断されると利用会員にはなれませんが、その場合は社協や総合サービスを紹介しています。顔の見える一定の地域内での支え合いがより望ましい姿であり、くらサポがそのニーズへの対応に集中できるように町社協や総合サービスがある、と整理されています(注24)。

(注24)ちなみにくらサポの登録書には、社協の人材バンクや、総合サービス援助員への登録の可否についても聞く欄を設けるなど、相互の会員確保についての連携も図っています。

（3）町社協によるくらサポ支援の背景

自らが生活支援事業を営みながらも、町社協がくらサポの設立、運営支援を行う背景については、まずは先にふれた介護保険の制度変更への対応がありますが、それに加えて以下の2つの理由が指摘できます。1つ目は町社協の生活支援事業の限界への対応です。町社協ではくらサポ支援に先駆けて、町社協直営の生活支援事業のテコ入れを始めていました。利用者、活動員とも掘り起こしを進め、2015年に活動員24人、作業回数11回だったものを、2019年には活動員81人、作業回数419回にまで増加させています。しかし高齢化が進む中で利用希望が急増し、増大する支援ニーズに活動員の確保が十分追い付いていない状態でした。さらに、単に活動員が足りないだけでなく、活動員は地区ごとに偏在しており、活動員の少ない地区ではマッチングが上手くいかないケースも少なくありませんでした。顔の見える身近なエリアで、会員同士の交流も重視した生活支援の仕組みを構築し、町単位の事業の限界をクリアする必要がありました。

2つ目は、集落単位での生活支援の難しさです。顔の見える支え合いであれば、より身近な集落単位で取り組むのが合理的だといえます。しかも町社協は後述のように集落単位でのサロンやマップ作りの支援に力を入れており、それらを発展させる形で生活支援の取り組みを広げることも考えられます。しかしその実現には大きく3つのハードルがありました。一点目はここでも活動員の偏在が指摘できます。例えば東飯田では、くらサポの利用会員はほぼどの集落にも存在しますが、活動会員は高齢化率やそれまでの地域づくりの状況などに応じて一様ではなく、需要と供給のバランスがとりにくい集落もあります。

二点目は、集落内での金銭のやり取りの難しさです。どの地域でも隣近所での日常的な生活支援は珍しくありませんが、それらは一般に金銭を介さない形で行われ、また長期的な相互扶助関係の中で成立しています。言い換えると、集落では金銭を介した支援はなじまない一方で、必要な支援を気兼ねなく頼める関係を作るのことは難しいといえます。

最後は二点目に関連したマッチングや手続きの担い手の問題です。金銭の授受を伴う場合、当事者同士でのコミュニケーションは難しく、そのためのスキルやネットワークを持つ人材、役職が必要となりますが、どの集落にもその担い手がいるとは限りません。実際に東飯田では活動会員と利用会員がそれぞれ一定数おり、マッチングも集落内でほぼ完結できる集落であっても、くらサポの枠組みを使って生活支援を行っています。

(4) 関係機関による集落支援と人材育成

ここまでくらサポに対するまち協や関係機関の支援についてみてきましたが、全体像を把握するためには、もう少し視野を広げて地域を見る必要があります。具体的には、サロンや防災・福祉マップ作成といった集落レベルの活動に対して行われている支援と、研修制度による人材育成について紹介します。

まずは「いきいき夢サロン」です。頻度は集落ごとに様々ですが、住民が集落の集会所に定期的に集まり、体操や軽スポーツ、各種の講話、手芸、茶話会、食事会などを行います。町社協は講師の派遣や紹介、備品の貸し出し、経費の補助等でサポートします。実施している集落は増加傾向にあり、2021年度は140集落に対し

59のサロンがあります。高齢化が進んだ小規模な集落では、定期的な寄り合いが行われておらず、老人クラブや婦人会も解散し、住民同士が交流、情報交換する場がないケースがあります。サロンが寄り合い代わりになっており、住民の動向把握や心身の健康管理のための重要な場となっています。参加は女性が中心で、支援が必要な住民が全員参加するわけではありませんが、サロンの会話の中で支援が必要な住民の話題が出て、次回その人を誰かが誘ったり、その情報を基にＳＣが自宅を訪問し、くらサポ等他のサービスの利用につながるケースが少なくありません。サロンがある集落ほど、結果としてＳＣによる戸別訪問先が増える傾向にあるそうです。

続いて「住民支え合いマップ」づくりです（**図９**）。これは役場の健康福祉課の事業で、２０１４年から行われています。集落ごとに、福祉と防災についてのマップを作成しながら、危険個所や避難経路、要支援者の位置の確認や声掛けの担当者の設定などを行います。災害などの非常時だけでなく、

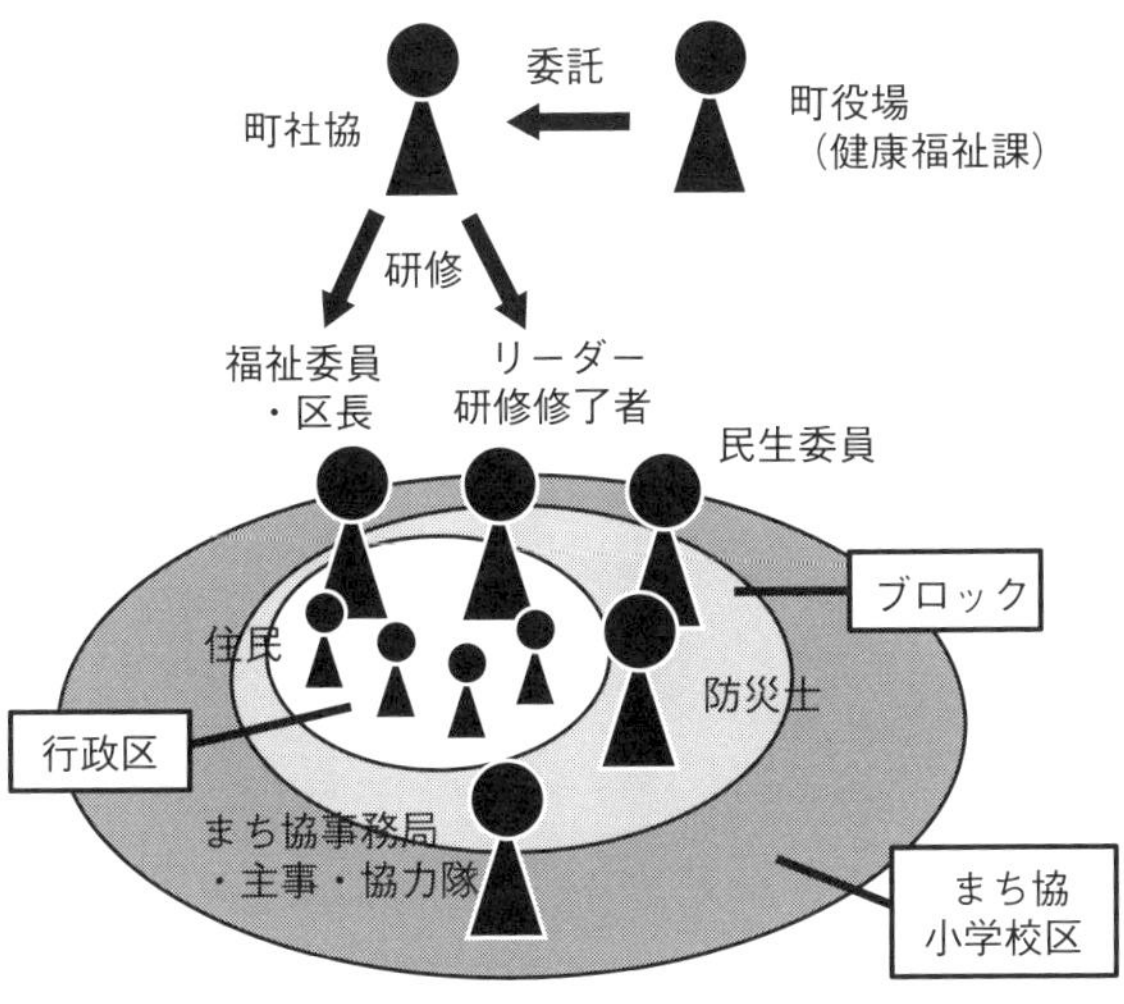

図９　マップ作りの主な参加者

日常的な困りごとや支援の必要性についても共有し、サロンやくらサポの利用につなげています。参加者は事前に避難先や持ち物、連絡先についての確認シートを記入し、当日はそれをベースにグループワークをします。社協主催の福祉委員（区長）研修等で呼びかけられ、区長が実施を決定すると、まずは集落の会合に併せて役場や町社協から進め方についての説明があり、後日本番となりますが、夫婦、親子など世帯から複数の参加が推奨されています。町社協に加えまち協、防災士会、消防団、民生委員、公民館主事も参加し、情報提供や関連施策の紹介等を行います。マップは毎年更新することが推奨され、関係機関は2回目（2年目）以降もサポートします。中には避難訓練と組み合わせて実施する集落もあります。

これらの集落単位でのサロンやマップ作りを担う人材育成を意識して「支え合いリーダー養成講座」が行われています。これも役場の健康福祉課の事業でしたが、２０２１年度からは町社協へ委託されています。参加希望者は区長を通して申し込みをし、毎年9月前後に、半日のプログラムを3日間受けます。地域共生社会の考え方や背景、先進事例の紹介、サロンやマップ作りについて説明があり、最終的には自身での活動を促されます。

２０１５年から始まり、例年受講者は20人程度で、これまでに約１００人が修了しています。役場や町社協では、講座修了者がまずは各自治会に1人ずついる状態を目標にしています。この講座は対象を限定しておらず、地域福祉に関心のある住民は誰でも参加できます。なお区長（福祉委員）や民生委員向けには、この養成講座と別に研修会がありますが、区長は持ち回りで任期も短いケースが多く、民生委員は複数集落を受け持ち、戸別訪問が活動の中心のため、区長や民生委員とは別に集落での地域福祉のリーダーが必要でした。

(5) くらサポの横展開と今後の目標

東飯田のくらサポの成果は他地区にも波及しつつあります。すでに2020年11月には隣接する南山田地区でも「くらしのサポートセンター南」が設立され、2021年度は飯田地区に働きかけを行うこととなっています(注25)。東飯田は4地区の中では日頃から地域活動が盛んな地域でしたが(注26)、特別な条件が揃っていたわけではなく、他の地区でも一定のベースがありました。そこに町社協が東飯田で確立したノウハウを基に熱心にサポートすることで活動が広がり始めています。

このようにくらサポの立ち上げは東飯田から広がり始めていますが、役場では第2期の総合戦略のKPIとして2024年度までに4地区すべてでの立ち上げを掲げています。ちなみに同じ総合戦略では、支え合いリーダーは2018年に72人だったものを2024年には200人に、マップ作成地区の数は11から60に、サロンは49から60に、地域食堂は2つから4つにするとしています。

(注25)ただ飯田地区では生活支援サービスを望む声がある一方で、サロンやマップ作りの実績が多くないため、くらサポの設立を無理に急がず、まずはマップ作りを通じた現状把握と問題意識の醸成を重視するプランが検討されています。

(注26)東飯田地区は日ごろからサロンやマップ作りが盛んで、町社協の生活支援の活動員が最も多かったのも東飯田地区でした。さらに、公民館の利用団体や利用者数も多く、それらのベースの上で他の地区に先駆けてくらサポが立ち上がったとも言えます。

6　RMOと関係機関の連携の形

（1）活動会員へのインタビュー

RMOと関係機関の連携のあり方を考察するにあたり、まずはくらサポとそれを支えるまち協や関係機関の支援の姿について、活動会員の声から確認しましょう。以下は、役員・運営委員以外でくらサポの活動に積極的に参加する会員の紹介をまち協事務局長に依頼し、紹介を受けたA氏へのインタビュー結果です。

A氏は50代後半の男性で、福岡からUターンし、現在は介護施設に介護士として勤めています。夜勤が中心で日中時間の融通が利くため、月に2～3回くらサポの活動をしています。A氏は仕事がなければ毎月の定例会にも参加しており、活動会員同士の交流が楽しいそうです。活動の報酬の水準については特に高い、安いなどの違和感はなく、状況に応じて活動時間を短めに申請することもあります。なおくらサポ以外では「つ～だら・だった祭り」を見に行くぐらいで、まち協、公民館との日常的な接点はあまりありません。

インタビューは2021年6月に行いましたが、この日A氏は夜勤明けからの勤務を終えた後、12～14時の間、ワクチンの集団接種会場への自家用車での送迎と会場内での介助を行いました。送迎した利用会員は3人で、車いすを利用する方が2人、杖が必要な方が1人でした。この時の利用会員の1人はA氏の住むブロックとは別のブロックの住民でしたが、その利用会員の子どもとA氏が同級生で、車内での会話も弾んだそうです。A氏は仕事柄介助の技術はありますが、利用者に大柄の方がいたこともあり、乗車時は別の会員が補助し、接種会場では、第2層SCと担当ケアマネージャーがサポートしました。

活動会員になった経緯については、くらサポ設立時には加わっておらず、セミナーやマッチング体験にも参加していなかったそうです。くらサポ設立後、全戸配布されていたくらサポの広報紙を見て、自ら公民館に連絡し、2019年9月から活動会員となりました。ちなみにA氏の他にも広報紙等を見て自ら活動会員となったケースが1割程度あります。

A氏はUターン後、居住する集落で青壮年部を立ち上げ、正副会長を歴任し、部員同士の交流や河川の草刈りなどを実施していました。他方で、地域での住民同士の生活面での支え合いについては、福祉施設で働くA氏であってもしっかり考えたことはなかったそうです。しかし、2016年の熊本地震の際、九重町でも震度5強の強い揺れを観測し、多くの住民が避難しました。A氏は、隣家が高齢者2人暮らしで、A氏から声掛けをして一緒に避難した経験から、地域での支え合いに関心が強くなります。そしてくらサポに加入する数カ月前には前述の「住民支え合いマップ」作りに参加します。マップ作りでは災害対応だけでなく、日常的な生活課題の掘り起こしや支援が必要な住民の確認も行われ、さらに問題意識が高まったそうです。マップ作りは男性中心の常会に併せて実施され、しかも毎年更新する前提のため、男性の意欲や能力、ネットワークを高めることができると感じたとのことでした。そしてその後A氏は広報紙を見て公民館に連絡をすることになります。

（2）関係機関の直接的役割

第1章で整理したように、近年様々な分野で事業の担い手としてRMOへの期待が高まっています。関係機関がRMOにその実施を提案し、事業を立ち上げ、軌道に乗せるためにはどのようなポイントが重要なのかを検討することが、本書の課題でした。そこで東飯田のくらサポに対する町社協の支援を改めて整理しながら、関係機関に求められる役割について検討します。まず直接的には、協議の場の設定、設立プロセスの企画と実施、設立後の専門家派遣や他事業との連動、そして日ごろからの人材育成の4点が指摘できます（**図10**の白い吹き出しの①～④）。

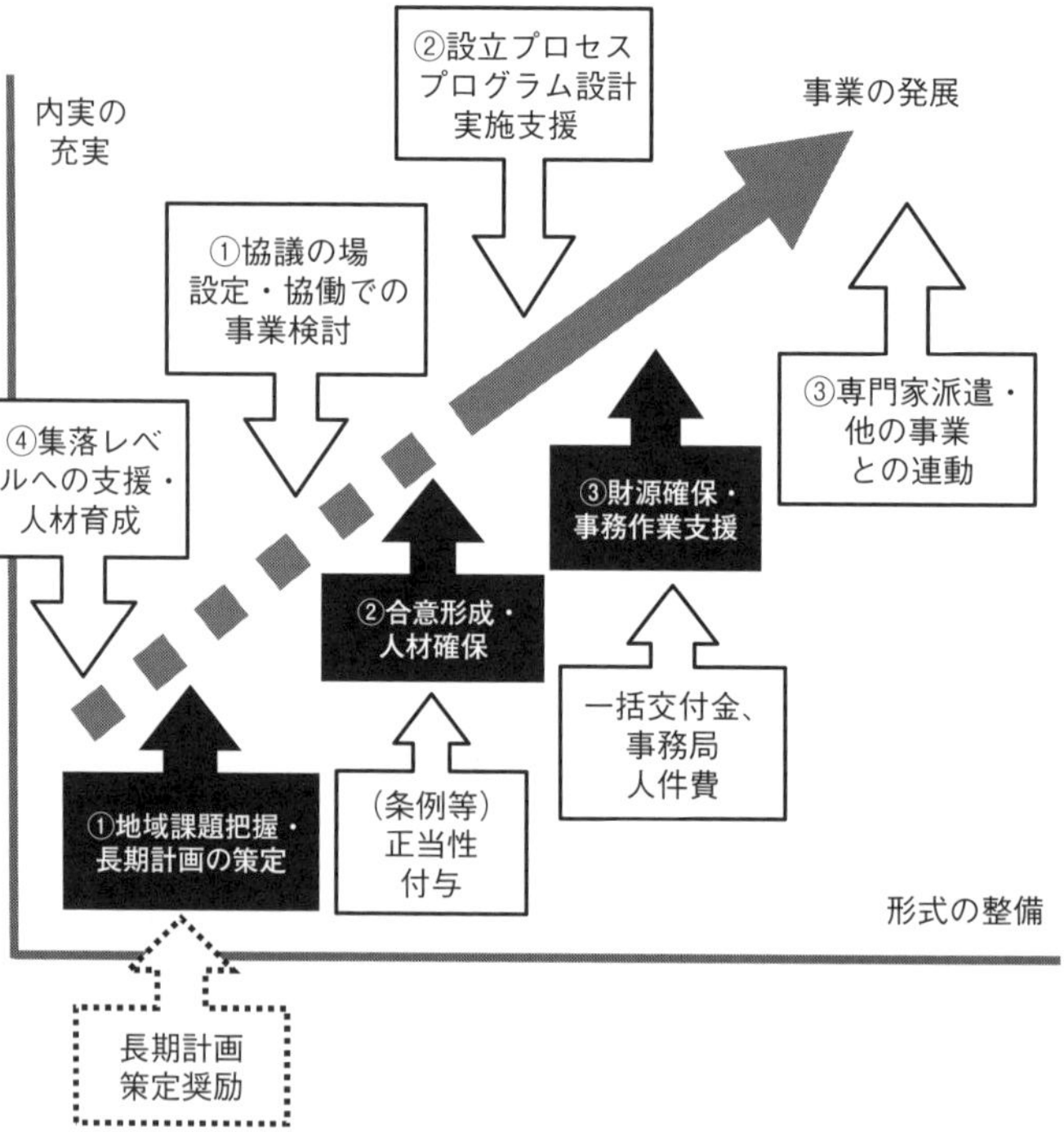

図10　事業立ち上げのプロセスとRMO・関係機関の役割

注1　前掲拙著（2017）の小田切の図を参考に作成。
　2　まち協の役割を黒、関係機関の役割を白のアイコンで表現している。
　3　左上に内実の充実、右下に形式の整備にかかわる行動を配置した。
　4　「長期計画策定支援」は九重町では任意となっているため点線とした。

まずは、関係機関側から事業の提案をするための場の設定が必要です（①）。ＲＭＯの代表者を集めた会議は珍しくありませんが、市町村によっては所管する課とだけ情報交換をしたり、ＲＭＯ同士の交流を重視し、関係機関は会に加わらないケースもあります。九重町では年に数回ＲＭＯを所管する企画調整課が音頭を取り、ＲＭＯの事務局長と関係機関の連絡会議が持たれており、くらサポもその場で健康福祉課や町社協から提案されたものでした。

さらに九重町では、その会議の前に企画調整課や健康福祉課に加え、総務課、危機管理課、社会教育課、町社協など関係者が集まり、情報共有や議題の整理を行った上で、第１層の協議体「支え愛・助け愛ネットワーク協議会」で方向性を確認しています。ＲＭＯの会議は企画調整課、協議体は健康福祉課が所管していますが、両者が連動しながら議論を進めています。背景には、役場が地域共生社会の推進を重視し、特に企画調整課と健康福祉課の連携を強化していることがあります。第２期総合戦略にも「……地区協議会や社会福祉協議会など……と連携し、……地域共生社会の実現を目指します」とあり、ＲＭＯが地域共生社会推進の担い手として明記されています。このようにまずは関係機関が連携しながら、日常的にＲＭＯとコミュニケーションの機会を持つことが求められます（注27）。

二点目は、設立プロセスの設計と実施の支援です（②）。くらサポの立ち上げに当たり、視察、セミナー、マッ

（注27）他方大分県内でもＲＭＯの担当課だけでなく、総務や企画、高齢者福祉、町社協など関係者も会議に参加し、日ごろからＲＭＯの現状やリーダーの人となりなどを把握し、まち協側の意見や要望も直に聞いている市町村もあります。

チング体験、準備会、設立総会、というプロセス、および例えば視察は別途振り返りを行う、マッチング体験はワークショップ形式で交流も重視するなど、個々のプログラムの設計を町社協が主導しました。さらに、企画設計だけでなく、プログラムの実施も社協のＳＣが中心となって担いました。通常関係機関は、支援制度の設計や予算の確保、地域での説明や視察先の紹介、書類作成のサポートなどが主な業務で、個別のプログラムの企画やワークショップの運営までは対応していない場合が一般的です。東飯田のまち協でも、当初は視察先の紹介のみを町社協に依頼していました。

形式的な仕組みの整備だけではなく、参加者の意欲や能力を高め、活発な活動を持続させるためには、丁寧な立ち上げのプロセスが重要ですが、地域ではその設計や実施を担うのは難しい場合もあります。これを役場や町社協が対応するか、難しい場合は中間支援者の協力を得ることも選択肢かもしれません（注28）。

３点目は設立後の支援です（③）。東飯田のくらサポでは、ケアマネージャーと連携し利用会員の紹介を受けたり、逆にＳＣが利用会員に他の公的福祉サービスの利用を促したりと様々な相乗効果が生まれていました。特にＳＣが恒常的にくらサポ、まち協の役員とコミュニケーションを取っていることが成果につながっています。最後は最も重要な集落レベルでの活動への支援と、研修制度による日頃からの人材育成です（④）。九重町で

（注28）東飯田同様、地域福祉の分野でのプログラム設計については、例えば拙稿「地域福祉型の地域運営組織の展開と支援体制」（『農業研究』第29号、２０１７年、２８９～３１２頁）を参照して下さい。このようなプログラムの企画、運営は、地域福祉や社会教育の得意分野であり、他分野での事業であってもそのノウハウや人材の活用が望まれます。

はまち協やくらサポ、地域食堂といった小学校区単位での取り組みが目立っていますが、それに先行してサロンやマップ作り、支え合いリーダー養成講座など集落を対象にした事業も進めてきました。高齢化や人口減少、加入率の低下などで集落の機能は縮小傾向にありますが、それをそのままま ち協やくらサポで代替するのではなく、集落ですべき分野については集落での活動を促す点がポイントです。

エリアの広さや拠点施設までの距離、住民同士の面識などの理由から、サロンやマップ作りを小学校区単位で行うのは無理があり、集落と校区を相互に補完させる必要があります。そしてそのことが同時に地域づくりの機運や地域内のネットワークを強化し、各種の事業の円滑な立ち上げとその後の活発な活動に繋がっていきます。もともと集落での活動に積極的だったA氏が、マップ作りを通して問題意識を深めてくらサポに加わったのが、典型例といえると思います。

(3)ＲＭＯ側の役割と関係機関からの間接的支援

以上の関係機関の役割も重要ですが、新規事業の立ち上げの主役はＲＭＯです。東飯田まち協の活動を踏まえれば、ＲＭＯの役割は大きく以下の３つに整理できます(図10の黒い吹き出し❶～❸)。まずは日ごろからの地域課題の把握と、それらの長期計画への位置づけです(❶)。日常的な活動の中で、地域の現状やニーズを注視し、それを定期的に整理し解決すべき課題として明文化します。次に、役場や社協などから依頼、問題提起があった際に、まち協として取り組むかどうかの意思決定、合意形成と、取り組む場合の人材確保です(❷)。日ごろの活動で構築した住民からの信頼とネットワークが効果を発揮します。最後は、活動の立ち上げ、持続のための財源確保や事務作業の支援です（❸）。使途に一定の裁量のある予算を持ち、常勤の事務局が配置されているＲＭＯであれば、その強みを活かすことができます。

この地域課題の把握、合意形成と人材確保、財源と事務作業支援の３点は、関係機関が直接担うことは難しく、ＲＭＯの得意分野です。ただしこの３つについて関係機関はまったくＲＭＯ任せで良い、ということではありません。地域課題の把握については、行政が計画の策定、更新を促すことが有効です。あまり細かい規定を設けると地域の重荷、負担となりますが、日ごろから地域課題の把握の意識づけとして提案することはできると思います。次に合意形成や人材確保については、地域内でのＲＭＯの存在感や評価に影響されますが、関係機関、特に行政ができることもあります。条例等でＲＭＯを行政の協働のパートナーとして正式に位置づけ、広報紙やケーブルテレビなどで役割や成果を積極的にアピールすることが有効です。最後の財源確保、事務作業について、多くのＲＭＯの財源は行政からの交付金であり、その時点でクリアされている場合もあります。ただより細かく言えば、ＲＭＯが新規事業に取り組みやすいように、新しい活動に挑戦しようというＲＭＯには、一定の予算の繰り越しを認めたり、その準備段階から事務局人件費も含めて予算を上積みできると良いと思います。

（４）形式の整備と内実の充実のプロセス

以上の事業の立ち上げに当たっての関係機関とＲＭＯの役割を図式化したのが**図10**です。横軸に人材や財源の確保といった事業の形式の整備、縦軸には活動に関わる人材の意欲や能力といった活動の内実の充実の度合いを取っています。事業の立ち上げに当たっては、このグラフの左下から右上に移行することが円滑な組織の設立である、と仮定し、それを薄い矢印で示しています。途中で点線から実線に変わっていますが、設立が合意され本格的な準備作業に入るタイミングで切り替えてみました。この灰色の矢印を左下から右上に引き上げるためには、両側から様々な働きかけが必要ですが、白いアイコンが関係機関、黒いアイコンがＲＭＯからの働きかけを示しています。関係機関は直接働きかけるだけでなく、ＲＭＯを通じて間接的にプロセスを促進することも必要です。

この図を見るとやや意外なことに、より地域に身近なＲＭＯは下からの形式の整備が得意であり、上からの内実の整備は苦手としていることが分かります。担い手の意欲や能力を高めるプログラムの設計や実施はＲＭＯには難しいケースが多く、九重町ではそれを社協が中心となって担っていました。この内実の整備は多くの関係機関も得意な分野ではないかもしれませんが、ＲＭＯにすぐに期待することは難しく、関係機関自身がそのスキルを習得するか、外部の中間支援組織等のサポートを受ける必要があるといえます（注29）。

（注29）中長期的には研修制度や人件費の上乗せ等を通じて、ＲＭＯ内部で内実の充実も担える仕組みづくりが求められます。なおＲＭＯの役員や事務局を対象とした研修は少なくありませんが、担い手のモチベーションやスキルアップを意識した組織運営手法の習得を目指したものはあまり見られません。これらの企画運営も関係機関に期待したいと思います。

おわりに

東飯田地区では、まち協に部会もなく、地区社協もない中でゼロからくらサポを設立しました。インタビューしたA氏のように積極的に活動する会員を確保し、コロナの状況下でもワクチン接種会場への移送などが実施され、活動回数も増加するなど、大きな成果を上げています。

背景には、関係機関とまち協からそれぞれの役割に応じたサポートがありました。まち協側は活動のオーソライズや人材、財源の確保といった形式の整備、関係機関は主に担い手の意欲や能力の向上などの内実の充実を担当します。また関係機関は内実の充実だけでなく、形式の整備を担うＲＭＯに対する後方支援も充実させる必要があります。

なおこのブックレットでは主に東飯田地区の生活支援事業であるくらサポを紹介しましたが、それ以外にまち協が支援して立ち上がった地域食堂のかたろうへや防災士会でもおおむね同じ構図が当てはまります。さらに言えば、以上の内容は福祉や防災分野に限らず、農業、教育、特産品開発、移住者受け入れ、観光振興など、他の分野で新しい事業を立ち上げる場合にも有効だと考えられます。その際、地域福祉では社協の役割が重要でしたが、他分野ではＪＡや土地改良区、農業委員会、商工会、観光協会、防災・教育・環境分野のＮＰＯなどとの連携が期待されます（注30）。

ＲＭＯは既に全国に広がり、特定の分野では一定の成果を上げつつあり、今後の地域再生の土台、プラットフォームとなる存在といえます。ただその役割の発揮には、関係機関の積極的な支援が不可欠です。関係機関が当事者としてＲＭＯの力をさらに引き出し、持続的な地域づくりが全国で展開することを願って本書のまとめとします。

（注30）例えばＪＡについては、全国農業協同組合中央会の調査によると、２０１９年度時点で既に全国１０６のＪＡで、６１４のＲＭＯと何らかの連携が行われているそうです。しかしその多くは、ＲＭＯの外部からＪＡの既存の事業や施設を提供するものであり、九重町社協のようにＲＭＯに寄り添いながら一緒に事業を組み立てていくものは少ない印象です。もちろんＪＡがＳＣのような人材を配置できるわけではありませんが、現在の状況でもできることはあるように思います。例えば市町村レベルのＲＭＯの連絡協議会に定期的に職員が参加し、管内のＲＭＯの活動や運営についての理解を深めてはどうでしょうか。その後、支店ごとにＲＭＯの構成員となり、産業部会、福祉部会など、ＪＡの強みが活かせる分野の部会に職員が参加し、ＲＭＯに溶け込みます。そして女性部や作物別部会、直売所の出荷組合など、組合員組織の代表者にも、関係する部会への参加を促すなど、組合員組織とＲＭＯの活動の連携を進めていけると良いと思います。

〈私の読み方〉「2025年問題」に対峙する地域福祉と地域運営組織

筒井一伸

1　地域運営組織と地域福祉

団塊の世代が後期高齢者となり超高齢化社会に達する「2025年問題」が目前に迫っているが、ことさら農村では大きく二つの課題に直面しつつある。ひとつは著者の山浦氏（以下、著者）も指摘する（3頁）、地域で支え合う地域福祉の持続性をいかに確保するかという、「2025年問題」の議論の本丸の一つである。そしてもう一つはコミュニティにおける人材不足への懸念という「農村コミュニティの2025年問題」ともいえる課題である。地域運営組織（以下、RMO）をはじめ今日の農村コミュニティの多くは2007年問題（ないしは2012年問題）と称された団塊の世代の一斉定年退職によって、その世代が地域活動の中心的な人材となってきた。しかし、これらの人材も地域活動から徐々に〝引退〟しはじめ、急速に人材が不足するのではないかという懸念である。本書はこの2つの課題に対して直接的、間接的なヒントを与えてくれる。

RMOの議論が本格化してから15年近くが経過したが、著者による前著『地域運営組織の課題と模索』（前身のJC総研ブックレット）が刊行されたのは2017年のことであった。前著では2000年代後半以降の市町村行政による積極的な推進で急速に広まったＲＭＯの設立を受けて、そこでみえてきた現場での課題の要因や背景、課題克服に向けて奮闘する現場の姿が紹介された。そしてその「おわりに」で著者はＲＭＯの事務局のサポートを受けて、老人クラブや小学校、女性グループや協力隊が活発な活動を行っている実態から「地域づくりに積極的な組織、人材はまだまだ残っており、これらの力を組織としてさらに引き出す仕組みが求められます（53頁）」と指摘した。つまり前著ではＲＭＯが地域の組織や地域の人々とどのように連携をするのか、いわばＲＭＯから地域の組織や人々へのまなざしが語られていた。

その後、ＲＭＯは２０２０年度には５７８３まで増加し、全国８０２市区町村（全体の46％）で展開されるに至って、地域に住んでいると接する機会がある、ごくごく当たり前の存在にＲＭＯがなってきたのである。この背景から、本書では関係機関がＲＭＯとどのように連携していくか、地域からＲＭＯへのまなざし、そして一歩進めて具体の連携のあり方について議論を深めている。

連携の際のＲＭＯと関係機関の具体的な役割については、46～51頁に著者によりコンパクトにまとめられており、それは「福祉や防災分野に限らず、農業、教育、特産品開発、移住者受け入れ、観光振興など、ほかの分野で新しい事業を立ち上げる場合にも有効」であるとする。本書では主として大分県九重町東飯田地区での地域福祉分野でのＲＭＯとの連携の在り方について分析をしているが、著者の主張は地域福祉に限定しているわけでもなく、そして地域も限定してない。汎用性がある本質的かつ具体的な連携のあり方が提示されている。

では、なぜ地域福祉分野がＲＭＯとの連携を検討する、具体的な例として取り上げられたのか。前述の

２０２５年問題に加えてのその背景を、私（筒井、以下、筆者）なりに指摘しておこう。著者がかつて発表した論文（山浦陽一「地域福祉型の地域運営組織の展開と支援体制」農業研究30、２０１７年）では、多様なＲＭＯを理解するために「自治会型」と「公民館型」、そして「地域福祉型」の分類を提示する。これら３つの三類型はＲＭＯ設立当初の特徴から導き出されているが、なぜＲＭＯの設立当初から「地域福祉型」が存在したのであろうか。それを理解するためには、昨今の地域福祉への流れを知る必要がある。

１９９０年代後半に進められた社会福祉基礎構造改革の結果として、２０００年に社会福祉事業法が改正されて社会福祉法となり、「地域福祉の推進」が同法の目的としてうたわれた。同時に市町村には市町村地域福祉計画の策定が、都道府県には都道府県地域福祉支援計画の策定が法定化され、そのため「地域福祉」という言葉を聞く機会も多くなった。同法において地域福祉とは「地域における社会福祉」とされ、社会福祉は、低所得、要扶養、疾病、心身の障害、高齢などに起因する生活課題を、個人や家族などの問題とするのではなく、その原因を社会にあると考えるところからはじまる。社会福祉の体系はこれまで、老人福祉法や身体障害者福祉法、児童福祉法、生活保護法など対象者ごとに〝縦割り〟で対策が行われてきた。これに対して社会福祉法では、「地域福祉」という考え方を導入することで、すべての住民が生活の本拠とする地域において〝横断的〟に協働して取り組んでいくことが目指されるようになった。

地域福祉が主流になると、社会福祉は行政が担い、地域福祉は社会福祉協議会（社協）が担うという分業体制が成り立たなくなる。地域福祉は地方自治体、地域の諸団体や地域住民も当事者となってくるため、福祉コミュニティづくりや住民参加型福祉といった視点が重要となった。加えて、地域福祉分野（計画）が制度化され始めた時期とＲＭＯの設立推進の議論も重なっていた。これが地域福祉分野からＲＭＯへのアプローチの背景といえよう。

２　「連携」から地域福祉へのフィードバック

さて筆者は地域福祉を専門とする研究者ではないため、〈私の読み方〉としては異例であるが、お二人の地域福祉の専門家にご登場いただきたい。お一人は、私たち「農山村の持続的発展研究会」のメンバーでもある東根ちよさん（大阪府立大学講師）であり、もうお一人は山形県酒田市日向（にっこう）地区のＲＭＯの活動で筆者がご一緒することの多い小関久恵さん（東北公益文科大学准教授）である。お二人は、地域福祉の取り組みがＲＭＯと連携したからこそみえた本書のポイントとして次の二点を挙げている。

一つ目は「生活支援」のためではなく「人と人との関係性づくり」が目的となっているという点である。東根さんによると**表２**「くらサポの３つの特徴」（28頁）にそのことが集約されているのではないかと読み取る。生活支援のための有償ボランティア自体は、介護保険導入以前の１９８０年代から、地域の女性が自主的に立ち上げた住民参加型在宅福祉サービスの取り組みがある。また制度や形式から見てしまいがちな〝福祉的〟な見方では、くらサポはその活動内容（草刈りや外出支援など）からはシルバー人材センターのようにも見えるため、必ずしも目新しいわけではない。しかしポイントはそこではなく、くらサポとして立ち上がった支え合いの仕組み、そのための「人と人との関係性づくり」なのだと理解できる。「個人ごとの活動が増えないように」「作業は一人でよりも複数人で」「なるべく違う会員を派遣するように」などの工夫（28〜30頁）は、前述の住民参加型在宅福祉サービスやシルバー人材センターの生活支援という発想からは出てきにくいし、小学校区単位でのくらサポの「顔の見える関係」がより望ましいと考えられているのも、「生活支援」というよりも「人との関係」を重視しているからである。

二つ目は「自立支援」という目的の再考である。小関さんによると**図7**「くらサポ東の組織体制」（27頁）を見ると、住民と専門職が同じ土俵に立ってタッグを組み、その中で役割分担していることが分かり、ここから「自立支援」という社協や市町村行政の地域支援のあり方が考えさせられるという。行政や社協は、くらサポと同じような仕組みを立ち上げていく際に、立ち上げるまでのプロセスや立ち上げ当初はサポートをすることも多いが、最終的には地域が自走していく形を理想としていて、フェードアウトしていくのが基本と考えている。その背景として、福祉の専門職の多くは「自立支援」ということを強く意識して個人や地域と関わるからことから、社協なども同じような考えが一般的といえよう。一方、本書の「連携」とフェードアウトとには本質的な違いがあり、地域福祉サイドでの「自立とは何か」を再考するきっかけを与えてくれる。自立支援≠連携であり、社協の生活支援コーディネーターが週2回公民館に出勤してくらサポ関連の業務を行っているということ、つまり出かけていく・お邪魔するのではなく、時間限定でもその地域に根を張って地域コミュニティと協働する点に秀逸さがみられる。

これらのポイントは、２点とも制度や形式から見てしまいがちな〝福祉的〟な見方への警鐘でもある。ステレオタイプな「生活支援」、「自立支援」ではなく、「支え合いのための人間同士の関係づくり」、「RMOが自立する支援ではなく、連携しつづける仕組みづくり」という点を、地域福祉にフィードバックしようとする指摘である。制度や政策だけにとらわれず、地域福祉の「現場」と常に対話を続けるお二人だからこその読み方である。

３　人材育成のための〝農福連携〟の【場】

このような読み方を踏まえると、本書がメインでとりあげた「くらサポ」には２つの役割があったことが見えてくる。一つはまさに生活支援という機能であるが、37頁図８で説明される通り、重層的な生活支援プログラムが九重町では準備がされており、実はこの機能だけではくらサポの存在意義を十分には説明しきれない。そこで登場するのが【場】としてのくらサポという存在意義である。地域福祉が専門のお二人から提示された知見を図にしてみると次の通りになる。繰り返しになるが、支援と受援という関係ではなく、支えあいづくりを通した「人と人との関係性づくり」としてのくらサポという【場】、そしてその場を自立支援という一方向のベクトルではなく、関係機関とRMOの連携という双方向のベクトルで【場】を創っていく実態が見えてくる。そしてこの【場】があることでなされる機能そのものが人材育成、人材確保に他ならない。そこには２つの含意があり、「人と人との関係性づくり」をとおして見いだされる人材に加えて、生活支援コーディネーターのようにRMOと地域福祉関係機関との連携によって融通される「人材連携」も見逃してはならない。

46頁**図10**でも関係機関の役割として「④集落レベルへの支援・人材育成」が、RMOの役割として「❷合意形成・人材確保」が提示される通り、人材育成・人材確保は双方にとっての主要テーマであり、また2025年問題で常にクローズアップされるのもまた「人材」の問題である。実は地域福祉を成り立たせるための支援をどうするのかという一般的な2025年問題に即した人材づくりだけではなく、RMOにかかわる人材づくりまでが、関係機関とRMOの連携の射程といえそうである。

ところで「地域福祉」のバイブルというべき岡村重夫の『地域福祉論』が出版されたのは1974年のことであった（現在は、岡村重夫（2009）『地域福祉論―新装版―』光生館として再版）。改めて読み直してみると、地域福祉の基盤づくりのためにコミュニティを位置づけるが、そこでは福祉組織化としての「福祉コミュニティ（づくり）」と一般地域組織化としての「コミュニティづくり」の2つ

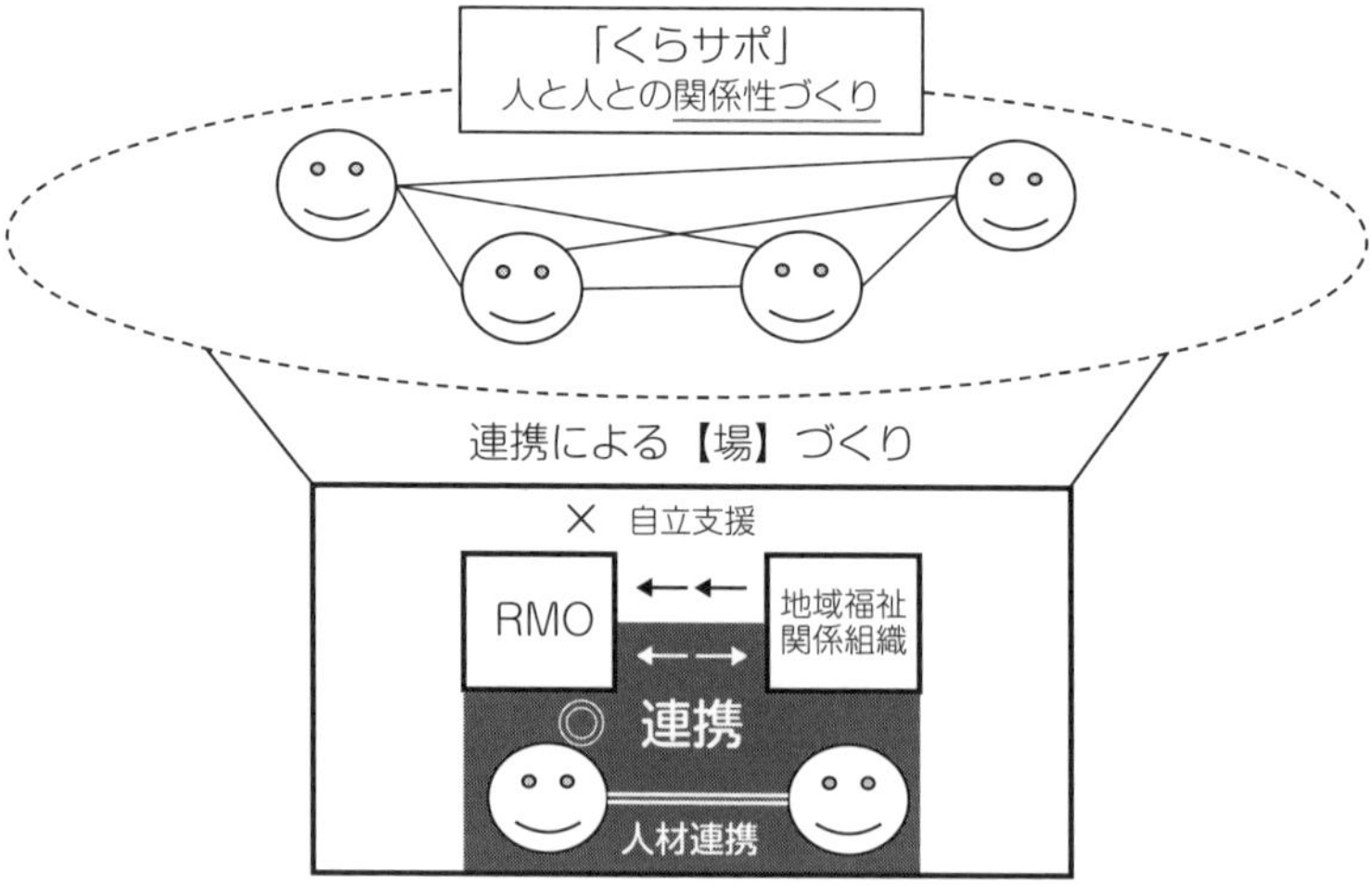

図　連携から生み出される【場】と人材

資料：筆者作成。

に分けて提示されている（86頁）。いわば一般のコミュニティのサブシステムとして福祉コミュニティを構想しているのであり、今日の形態に当てはめると、市町村よりも小さい単位で設立される地区社協のような社会福祉サービスを提供する組織である。しかし岡村が「サブシステム」という通り、福祉コミュニティと一般のコミュニティは、本来は分離したものではなく連携をすることを前提にしていると読み取れる。一方で、制度や形式から見てしまいがちな〝福祉的〟な見方が優勢になる中で次第に分離をしていったともいえ、本書で紹介された東飯田地区での地域福祉とRMOの連携は「本家返り」とも言えそうである。

RMOと地域の組織が連携することで、人材不足に対峙して農村の持続可能性にチャレンジするプロセスとその役割を明らかにした本書の意義は大きい。さらに、社会福祉法人などによる農業分野への進出や障がい者の農業分野での就労を示して農福連携と称することが多いが、このようなやや狭い意味ではなく、地域福祉が農村コミュニティで展開される真の意味での〝農福連携〟そのこと自体への足掛かりとしての本書の意義も、筆者としては強調をしておきたい。

＊末筆で恐縮であるが筆者の筒井の力不足を補ってくれた東根ちよさんと小関久恵さんに謝意をあらわしたい。

■「農山村の持続的発展研究会」について

（一社）日本協同組合連携機構（JCA）では、「農山村の新しい形研究会」（2013～2015年度）および「都市・農村共生社会創造研究会」（2016～2019年度）（いずれも・座長・小田切徳美（明治大学教授））を引き継ぐ形で、「農山村の持続的発展」をテーマに、そのために欠かせない経済（6次産業、交流産業）、社会（地域コミュニティ、福祉等）、環境（循環型社会、景観等）など、多方面からのアプローチによる調査研究を行う「農山村の持続的発展研究会」（2020～2022年度）を立ち上げた。メンバーは小田切徳美（座長〈代表〉／明治大学教授）、図司直也（副代表／法政大学教授）、筒井一伸（副代表／鳥取大学教授）、山浦陽一（大分大学准教授）、野田岳仁（法政大学准教授）、東根ちよ（大阪府立大学講師）、小林みずき（信州大学助教）。研究成果は、『JCA研究ブックレット』シリーズの出版、WEB版『JCA研究REPORT』の発行、シンポジウムの開催等により幅広い層に情報発信を行っている。

【著者略歴】

山浦 陽一［やまうら よういち］

〔略歴〕

大分大学経済学部准教授。1979年、東京都生まれ。東京大学大学院農学生命科学研究科博士課程修了。博士（農学）。公益財団法人日本農業研究所研究員を経て2009年より現職。

〔主要著書〕

『地域人材育成を育てる手法』農山漁村文化協会（2022年）共編著、『内発的農村発展論』農林統計出版（2018年）共著、『地域運営組織の課題と模索』筑波書房（2017年）、『農山村再生に挑む』岩波書店（2013年）共著、など。

【監修者略歴】

筒井 一伸［つつい　かずのぶ］

〔略歴〕

鳥取大学地域学部地域創造コース教授。1974年、佐賀県生まれ・東京都育ち。専門は農村地理学・地域経済論。大阪市立大学大学院文学研究科地理学専攻博士後期課程修了。博士（文学）。

〔主要著書〕

『田園回帰がひらく新しい都市農山村関係』ナカニシヤ出版（2021年）編著、『若者を地域の仲間に！ 秘訣をつかむハンドブック』筑波書房（2021年）共編著、『雪かきで地域が育つ』コモンズ（2018年）共編著など。

JCA研究ブックレットNo.29

地域福祉における地域運営組織との連携

2022年4月15日　第1版第1刷発行

著　者◆山浦 陽一
監修者◆筒井 一伸
発行人◆鶴見 治彦
発行所◆筑波書房
東京都新宿区神楽坂2-16-5　〒162-0825
☎03-3267-8599
郵便振替 00150-3-39715
http://www.tsukuba-shobo.co.jp

定価は表紙に表示してあります。
印刷・製本＝平河工業社
ISBN978-4-8119-0624-9 C0036

「JCA研究ブックレット（旧・JC総研ブックレット）」刊行のことば

筑波書房は、人類が遺した文化を、出版という活動を通して後世に伝え、人類がそれを享受することを願って活動しております。1979年4月の創立以来、このような信条のもとに食料、環境、生活など農業にかかわる書籍の出版に心がけて参りました。

グローバル化する現代社会は、強者と弱者の格差がいっそう拡大し、不平等をさらに広めています。食料、農業、そして地域の問題も容易に解決できないことが山積みです。そうした意味から弊社は、従来の農業書を中心としながらも、さらに生活文化の発展に欠かせない諸問題をブックレットというかたちで、わかりやすく、読者が手にとりやすい価格で刊行することと致しました。

2018年4月に（一社）JC総研は、（一社）日本協同組合連携機構（JCA）へ組織再編したため、ブックレットシリーズ名も「JCA研究ブックレット」と名称変更し引き続き刊行するものです。

課題解決をめざし、本シリーズが永きにわたり続くよう、読者、筆者、関係者のご理解とご支援を心からお願い申し上げます。

2018年12月

筑波書房

日本協同組合連携機構（JCA）

一般社団法人日本協同組合連携機構（Japan Co-operative Alliance）は、2018年4月1日、日本の協同組合組織が集う「日本協同組合連絡協議会（JJC）」が一般社団法人JC総研を核として再編し誕生した組織。JA団体の他、漁協・森林組合・生協など協同組合が主要な構成員。

（URL：https://www.japan.coop）